# Рыбы
# Гороскоп
# 2024

## Анжелина Руби
## Алина А. Руби

*Издается самостоятельно*

*Все права защищены © 2024.*

*Астролог: Алина А. Руби*

*Редактирование: Алина Руби и Анжелина Руби*
*rubiediciones29@gmail.com*

# *Кто такие Рыбы?*

*Даты проведения: 19 февраля — 20 марта*

*День: Четверг*

*Цвета: Морской зеленый, синий и фиолетовый.*

*Элемент: Вода*

*Совместимость: Рак, Скорпион, Телец, Дева*

*Символ:* ♓

*Режим: Мотобольный*

*Полярность: Женское начало*

*Правящая планета: Нептун и Юпитер*

*Дом: 12*

*Металл: Никель*

*Кварц: Аметист Лазурит,*

*Созвездие: Рыбы*

## *Личность Рыб*

*Рыбы обладают спокойным, терпеливым и добрым характером. Они чувствительны к чувствам других людей и с сочувствием и тактом реагируют на их страдания. Их любят, потому что они обладают приветливым, любящим и добрым характером и не представляют угрозы для тех, кто стремится к власти и популярности. Они склонны принимать свое окружение и обстоятельства и обычно не проявляют инициативы в решении проблем. Их больше волнуют проблемы других людей, чем свои собственные.*

*Они склонны существовать скорее эмоционально, чем рационально, скорее инстинктивно, чем интеллектуально. Они не любят чувствовать себя ограниченными и не уважают условностей просто так. Но и на борьбу с устоявшейся властью у них нет ни сил, ни мотивации.*

*Им нужно много одиночества, чтобы побыть с самим собой, побродить внутри себя в бесконечном количестве возможностей, которые даже они не видят и не чувствуют, но их это не волнует. В творческой среде они блистают.*

*Материальные блага, социальный статус, власть и лидерство ничего не значат для Рыб. Это не* значит, что он не признает ценности материальных благ, но он не живет тем, что у него есть или чего у него нет. Он также не классифицирует человека по его социальному положению или по тому, что у него есть или чего нет. Он так же нежно и заботливо относится к нищему на улице, как и к начальнику. Для него важно уважение, которого заслуживает человек, стоящий перед ним.

Это артисты, музыканты, художники, они могут быть бессвязными, искрометными и очень юморными, если находятся в обстановке, которая их радует. С другой стороны, они могут быть грубыми, угрюмыми и безразличными, если ощущают плохую энергетику и не чувствуют себя комфортно. Они представлены в виде двух рыб - приходящей и уходящей.

Благодаря своей обостренной чувствительности, приходя к больному, он внутри себя знает, вылечится он или нет. Если прогноз отрицательный, он не говорит об этом и страдает, и это часть его натуры. Чрезвычайная чувствительность и потребность в уходе от болезненных ощущений могут привести к тому, что они уходят от реальности и укрываются в мире своих фантазий.

Они любят путешествовать и любят оставаться дома одни, без посторонней помощи.

## *Общий гороскоп Рыб*

Если Вы хотите кардинально изменить свою жизнь, утвердиться самостоятельно или независимо, подтвердить свою индивидуальность, то этот год - самое время для этого.

Влияние планет сделает Вас бесстрашным и смелым, но при этом подверженным несчастным случаям. Все несчастные случаи будут результатом Ваших необдуманных или импульсивных действий, поскольку Вы будете стремиться к авантюрам, не задумываясь о последствиях, о плюсах и минусах, которые могут возникнуть на пути.

Другие будут склонны называть Вас эгоистом или эгоцентристом, что не всегда будет ошибочным, так как Вы будете больше интересоваться своими делами, чем делами других людей. Кроме того, Вы станете гораздо более авторитарным, чем раньше, и будете склонны навязывать свое мнение.

Этот год благоприятен для достижения целей, которые Вы ставите перед собой. Вы будете очень постоянны и проявите большой авторитет, чтобы навязать свои идеи. Ваши амбиции будут сильными и точными, и Вы не будете поддаваться страхам и неуверенности.

Важно, чтобы вы проявили проницательность и выбрали среди своих целей главные, а какие второстепенные. Порядок, метод, организованность, постоянная работа — вот ключевые слова для достижения успеха в этом году.

Вы также можете столкнуться с трудноразрешимыми проблемами, с противниками, которые ставят под сомнение Ваши способности, или же Вам придется иметь дело с начальством или авторитетными людьми, которые не очень логичны и представляют собой препятствие в Вашей жизни.

Судьба оценит ваше упорство и уверенность. Успех будет обусловлен не везением, а постоянным трудом.

Дома Вы сможете найти благоприятный климат, который будет Вас поддерживать. Не позволяйте своим амбициям и материальным делам охладить Вашу эмоциональную сторону.

Нептун будет находиться в Вашем знаке в течение 2024 года, усиливая природную энергию Рыб, делая Вас более интуитивным, духовным, изобретательным, сострадательным, сопереживающим и творческим. Сатурн также будет находиться в Вашем знаке в течение 2024 года, ограничивая часть этой энергии и требуя от Вас большей сосредоточенности и контроля.

В 2024 году благодаря Сатурну у Вас появится больше обязанностей, и это может казаться ограничивающим и удушающим, возможно, Вам предстоит усвоить некоторые уроки, которые помогут Вам развиваться по-новому.

В периоды новолуния у вас будут возможности проявить инициативу и добиться желаемого. Будьте дисциплинированы и не торопитесь, прислушиваясь к своей интуиции с помощью Сатурна и Нептуна.

Лунные затмения могут быть решающими моментами. Может произойти некий грандиозный финал, что-то, над чем вы давно работали и готовы завершить, или вы можете избавиться или отпустить что-то важное, что вас сдерживало или тяготило.

Вы можете увидеть результаты своей работы, и это означает, что Вы будете вознаграждены, если Вы все сделали правильно и по правильным причинам, или же у Вас могут возникнуть неудачи, если Вам необходимо изменить свой подход. Ваши эмоции могут быть сильными и глубокими, и Вам, возможно, придется уделять больше внимания своим желаниям и потребностям.

2024 год Рыб принесет вам много позитивных перемен, это период, когда вы будете двигаться вперед, и у вас будет возможность полностью реализовать свой потенциал в течение всего года благодаря положительным вибрациям вокруг вас. Этот год знаменует собой начало новой жизни для Рыб.

Упорный труд и целеустремленность позволят вам успешно завершить год.

Сосредоточьтесь на будущем и используйте все возможности, которые откроются перед Вами в этом году. Избегайте забот и тревог, которые могут вас измотать. Направьте свою энергию в позитивные сферы и добейтесь равновесия в своей жизни.

## *Любовь*

*Этот год будет полон приключений, эмоциональных обязательств и обязанностей, которые могут раскрыть другую сторону Вашей личности. Вы можете чувствовать себя подавленным происходящими вокруг событиями, но со временем вы приспособитесь к ритму жизни.*

*Ваши взгляды на отношения, баланс между работой и личной жизнью могут существенно измениться, поскольку вы вступаете в новую фазу своей жизни.*

*В периоды полнолуния вы будете более серьезно относиться к своим обязательствам. Вы можете быть более эмоционально привязаны. Если вы почувствуете, что у вас нет хорошей связи с кем-то, вы можете почувствовать необходимость полностью уйти.*

*В периоды, когда 5 июля Новолуние будет происходить в Вашем секторе любви, Вы будете приветствовать больше любви в своей жизни. Вы сможете проводить больше времени с теми, кого любите, и делиться любовью, которую испытываете. Если вы состоите в отношениях, то сможете привнести в них больше романтики. Если Вы одиноки, то сможете привлечь к себе* много внимания и получить удовольствие от развлечений.

В периоды ретроградного Меркурия возможны обострения существующих проблем в отношениях.

Если вы одиноки, то большая часть вашего внимания будет сосредоточена на вашем личностном росте, а это значит, что в течение 2024 года вы не будете так заинтересованы в поиске своей второй половинки.

Возможно, именно в этом году вы начнете встречаться сразу с несколькими людьми, чтобы сравнить их между собой. В этом нет ничего плохого, но постарайтесь не ошибиться, чтобы не написать не тому человеку или не пойти не в то место и не в то время.

Если у вас есть партнер, могут возникнуть проблемы с общением, поэтому крайне важно честно выражать свои чувства. Кроме того, могут всплыть старые обиды и неразрешенные эмоции, что заставит вас взглянуть им в лицо и исцелить их. Помните, что эти трудности - возможность для роста, и они сделают вашу любовь только крепче.

В наступившем году будьте готовы к неожиданным событиям в своей личной жизни. Возможно, вновь вспыхнет старая любовь, или Вы *встретитесь с человеком, который, как Вам кажется, отошел от Ваших мечтаний. Относитесь к этим встречам с открытым сердцем, так как они способны изменить Вашу любовную жизнь самым удивительным образом.*

## *Экономика*

2024 год — это путешествие в приливы и отливы процветания, поскольку ваше внимание будет сосредоточено на денежной сфере. Этот год сулит вам волны возможностей, а ваши врожденные творческие способности и интуиция послужат ценным подспорьем в финансовом мире. Ваши новаторские идеи могут привести к неожиданным доходам, а организованные инвестиции принесут большую прибыль.

Однако могут возникнуть непредвиденные расходы или финансовые неудачи. Поэтому необходимо составлять бюджет и откладывать деньги на черный день. Следует с осторожностью относиться к рискованным предприятиям и помнить, что не все возможности так перспективны, как кажется.

Не допускайте импульсивных трат и придерживайтесь финансового плана. Интуиция может помочь вам в принятии финансовых решений, но она же может подтолкнуть вас к импульсивным покупкам под влиянием эмоций. Очень важно найти баланс между сердцем и кошельком. Подумайте, прежде чем брать на себя серьезные финансовые обязательства.

*Подумайте о выделении средств на личное развитие: инвестиции в образование могут привести к долгосрочному финансовому росту. Возможно, именно в этом году приобретение нового навыка принесет огромную пользу, увеличив ваш экономический потенциал или открыв новые возможности для карьерного роста.*

*В периоды Полнолуния вы увидите результаты проделанной работы и займетесь устранением блоков, которые мешали вам двигаться вперед, и ликвидацией проблем, которые стояли на вашем пути.*

*Во время ретроградного Меркурия у Вас будет много энергии и сосредоточенности, что позволит Вам вернуть изобилие в свою жизнь. Вы также можете возобновить рабочие проекты или возобновить старый проект, над которым не успели поработать.*

*Важно, чтобы Вы занимались работой, которая вызывает у Вас эмоциональный отклик, которая Вам нравится и приносит удовлетворение, иначе этот год может оказаться довольно сложным в профессиональном плане. Если у Вас этого нет, то 2024 год заставит Вас что-то изменить.*

### *Здоровье Рыб*

В 2024 году звезды складываются так, что Вы получаете много энергии и жизненных сил, что позволит Вам иметь хорошее здоровье и большой энтузиазм.

Этот год отлично подходит для того, чтобы начать заниматься спортом в соответствии со своими предпочтениями. Сбалансированная диета и питьевой режим будут способствовать улучшению самочувствия. Личная гигиена должна стать вашим приоритетом.

Вы должны контролировать стресс и эмоциональные колебания, ваша эмпатическая природа может привести к эмоциональному истощению, поэтому необходимо устанавливать границы.

Переутомление может негативно сказаться на здоровье, поэтому регулярно делайте перерывы и отдыхайте, чтобы восстановить силы. Приоритет отдается полноценному сну и изучению целостных практик.

У вас могут возникнуть проблемы с пищеварительной системой и прибавка в весе.

### *Семья*

Этот год обещает сочетание любви, роста и трудностей в семейной жизни, что даст вам возможность преодолеть препятствия.

В ядре вашей семьи появится человек, который освежит атмосферу, принесет ту энергию, которая так необходима всем. Его подход будет прямо противоположен вашему, но он принесет гармонию и связь в вашу семью.

Природное сострадание и эмпатия будут проявляться в Вас, делая Вас миротворцем в семейных разногласиях.

Однако будьте готовы к разногласиям и недоразумениям. Ваша эмпатическая натура может привести к тому, что вы будете принимать на себя эмоциональное бремя других людей, что может сказаться на вашем самочувствии. Установление границ и открытое общение являются ключом к преодолению этих проблем и поддержанию гармонии в семье.

Рассмотрите возможность участия в совместных мероприятиях для укрепления единства вашей семьи. Воспринимайте перемены как возможность для позитивных преобразований в вашем доме, способствуя созданию атмосферы взаимопонимания.

*Вы должны уделять приоритетное внимание качественному общению с близкими. Отключитесь от отвлекающих факторов.*

## *Важные даты*

02/19 Солнце входит в знак Рыб.

02/23 Меркурий входит в знак Рыб.

02/28 Солнце соединяется с Сатурном в Рыбах.

03/10 Новолуние в Рыбах

03/17 Солнце соединяется с Нептуном в Рыбах.

03/22 Марс входит в знак Рыб.

06/29 Ретроградный Сатурн в Рыбах

07/02- Нептун ретроградный в Рыбах.

09/18 - Полнолуние и частичное лунное затмение в Рыбах.

11/15 Сатурн дефектный в Рыбах

12/07 Сатурн дефектный в Рыбах.

# Гороскопы на месяц для Рыб на 2024 год

## Январь 2024 г.

В этом месяце Вам необходимо успокоиться, Вы начинаете проявлять признаки отчаяния, так как существует экономическая проблема, которую Вы не смогли решить.

Если у вас нет партнера, то приход любви знаменует собой ряд проблем. Первая из них заключается в том, что вы должны планировать свое время и пространство в соответствии с чужим, начать узнавать его, чтобы все было правильно.

Помните, что, когда обязательства не дают результата, наступает время поиска увлечений. Если то, чем вы занимаетесь по долгу службы, не приносит вам пользы, то в этом месяце стоит подумать о том, чтобы сменить направление деятельности и сделать свои увлечения материалом для получения дохода.

Небольшой дискомфорт, который вы испытываете, не должен удерживать вас в постели. Движение и действие положат конец этим мнимым симптомам. Не становитесь ипохондриком, возьмите под контроль всю свою жизнь.

Хорошим вариантом будет всегда воспринимать то, что говорят вам другие, как нечто положительное, не всегда все хотят напакостить вам.

### *Счастливые числа*
*1–3–25–29 - 34*

## *февраль 2024 г.*

*Вы отличный друг и гордитесь тем, что помогаете окружающим. В этом месяце Вам стоит принять участие в гуманитарной акции или посвятить часть своего времени обществу. Пришло время использовать свои идеи для помощи другим.*

*Наиболее важные вопросы месяца - работа, здоровье, деньги. Важная экономическая проблема вернется, избегайте ситуаций, связанных с личным риском.*

*Если у Вас есть партнер, Вы будете чувствовать себя неуверенно, потому что, хотя Вы и чувствуете себя счастливым, Вы не будете уверены, что живете так, как хотите, для себя. Самое печальное, что Вы не знаете, чего хотите на самом деле, поэтому не принимайте важных решений, пусть месяц закончится.*

*Если вы одиноки, вы можете влюбиться в человека через социальные сети.*

*Человек может доставить вам неприятности, так как вы воспримете его действия как предательство. Вам следует попытаться поговорить с ним и попросить объяснений. К счастью, Вам удастся прояснить ситуацию. Однако, чтобы преодолеть это недоразумение, Вам придется внести изменения в отношения.*

*Планеты советуют Вам провести радикальную трансформацию, иначе она не будет эффективной.*

### *Счастливые числа*

*1–2–12–13 - 23*

# **март 2024 г.**

*Этот месяц посвящен вызовам, к которым нас принуждает Вселенная. Эти вызовы могут быть полезны, когда речь идет о зарабатывании денег. В вашем мозгу рождаются творческие материалы. Превратите их в нечто материальное и займитесь их продажей, чтобы получить наибольшую прибыль.*

*У вас появится соблазн совершить дополнительные расходы, которые не вписываются в ваш бюджет. Следует подумать, прежде чем вкладывать деньги в то, что вам не нужно. Не нужно покупать дорогие подарки, чтобы порадовать человека, которого Вы хотите завоевать, если это человек, который Вам соответствует, просто ведите себя естественно.*

*Не позволяйте жизни красть ваше время, готовьтесь к будущему, потому что все хорошее впереди, но вам придется постараться.*

*Если у вас есть партнер, не допускайте возникновения конфликтов, уважайте мнение человека, который находится рядом с вами, он имеет право высказывать свои идеи, страхи и мысли. не пытайтесь контролировать его решения, дайте ему пространство, которое ему необходимо.*

Человек из прошлого вернется и заставит вас сомневаться в ваших нынешних отношениях.

### Счастливые числа
17–18–22–23–26

## *апрель 2024 г.*

*Между вами и вашим партнером возникла волна обиды. Есть невысказанные вещи, которые причиняют Вам боль и с которыми Вы не смогли разобраться. Это идеальный месяц для того, чтобы сделать это и разрешить конфликт.*

*Если вы одиноки, то вам нужно больше друзей, а не любви. Ваша самооценка нездорова. Сеть поддержки поможет вам разобраться в своих чувствах к прошлому. Вы заслуживаете любви.*

*На работе приходится рисковать, анонимность не позволяет показать, чего вы стоите. Поэтому сегодня же покончите с ложной скромностью и сделайте шаг вперед, чтобы продемонстрировать свои способности.*

*Не обращайте внимания на свою привычку искать всему объяснение. Что-то изменится внутри вас, в том, как вы реагируете на препятствия.*

*Начните освобождать место для отпуска позже, возможно, вы захотите отправиться в путешествие с друзьями, и вам следует организовать все с этого месяца.*

*Не ждите, что все произойдет само собой, если вы не дадите этому толчок.*

**Счастливые числа**
**8–17–29–33 - 36**

## **май 2024 г.**

*Работа улучшится, все, что было парализовано, раз блокируется, и вы начнете развивать свои проекты. Вы будете много работать, и у вас появится конкуренция. Вам придется научиться находить свое место в профессии.*

*Вы будете получать интересные предложения о работе, но не спешите с выбором. Хорошо проанализируйте каждое предложение. В финансовом плане у Вас все будет хорошо. Вы находитесь на хорошем этапе, и деньги будут легко поступать на Ваш банковский счет.*

*Вы захотите инвестировать, потому что почувствуете себя сильным, однако перед инвестированием следует проявить осторожность и прислушаться к советам. Вам будет сопутствовать удача в азартных играх и инвестициях. Воспользуйтесь возможностью избавиться от долгов. Если вы наемный работник, то можете получить прибавку к зарплате.*

*Ваш жизненный ритм и соучастие, которое вы поддерживаете с партнером, повысят качество жизни в отношениях. Если Вы одиноки, то это благоприятное время для любви. В этом месяце Вы можете встретить человека, в которого влюбитесь и который изменит Вашу жизнь.*

*Вы не уделяете должного внимания людям, которые помогли Вам на Вашем пути, Вы должны начать благодарить этих людей.*

### *Счастливые числа*
*1–5–6–7 - 10*

## июнь 2024 г.

*Если вы одиноки, любовь снова улыбнется вам. Вы можете найти любовь и завести партнера. Вы будете много общаться на работе и с друзьями. Сейчас самое время выходить в свет и делиться впечатлениями.*

*Вы будете продолжать работать в привычном ритме. Вы будете работать с желанием, и у Вас появятся новые клиенты или контакты для ведения новых дел.*

*Ваша экономика будет идти хорошо, деньги потекут в вашу жизнь, но вам придется искать клиентов или бизнес вдали от привычного окружения. Не ленитесь, потому что это будет стоить того.*

*Ваше здоровье будет хорошим, но вы должны заботиться о себе, чтобы оптимизировать свои силы. Отдыхайте, расслабляйтесь, занимайтесь спортом и следите за своим питанием. Если вы хотите похудеть, то это идеальное время для диеты.*

*Если вам не нужно худеть, то это идеальный момент для очищения организма.*

*Ваша семья будет нуждаться в вашем совете. В вашей жизни появятся возможности, и это будут, несомненно, хорошие возможности.*

### Счастливые числа
*3–7–8–24 - 34*

## июль 2024 г.

*Более внимательно отнеситесь к своему питанию.*

*Есть люди, которые придумывают проблемы, когда мы им неинтересны, не позволяйте этому случиться с человеком, которого вы знаете недолго, не давайте ему власти относиться к вам плохо.*

*Если вы переживаете момент, который считаете неудачным, хорошо, что вы делаете вещи, которые показывают вам обратное, это идея, которая находится только в вашей голове, и вам нужно приложить больше желаний к вещам, которые вы делаете каждый день.*

*Важной темой этого месяца является любовь. Если Вы состоите в браке, то обязаны исправить все ошибки, которые Вы совершали. Некоторые из них разрушат отношения, а другие исправят их. Если Вы одиноки, то в этом месяце Вы никого не встретите. Вы будете оставаться без партнера и наслаждаться общением с друзьями.*

*Если у Вас есть работа, то Вы будете вносить изменения в свое нынешнее положение, так как возникнут проблемы. Будьте осторожны в отношениях с коллегами. Могут возникнуть сильные конфликты.*

*Если у вас нет работы, появятся новые возможности, и вы сможете начать работу в новой компании.*

### Счастливые числа

*11–19–21–23 - 33*

## август 2024 г.

*Деньги имеют большое значение в этом месяце, Вам придется что-то менять, так как у Вас возникнут денежные проблемы, и Вы будете вынуждены изменить организацию своих финансов. Положительным моментом будет то, что Вы сможете исправить недочеты.*

*Ваше здоровье будет в порядке, но ваш имидж будет хаотичным. Вы поймете, что вам необходимо улучшить свою внешность, и начнете соблюдать диету. Вы измените стиль своей жизни, включив в него ежедневные упражнения, нормальный график и необходимые часы сна. Эти изменения благоприятно скажутся на Вашем здоровье, так как Вы очистите свой организм и почувствуете себя более динамичным. Вам необходимо предложить окружающим другой образ, чтобы выглядеть более привлекательно.*

*Вашей семье будет хорошо, они поддержат Вас, а дома Вы найдете место для отдыха.*

*Вас попросят взглядом промолчать в какой-то ситуации. Речь идет о чем-то важном для близкого Вам человека, и это беспокоит Вас, поскольку Вы не любите интриги. Однако на этот раз Вы должны сделать исключение.*

### Счастливые числа
*1–5–10–23 – 35*

## *Сентябрь 2024 г.*

*Этот месяц будет благополучным, но ваша личная жизнь будет регулярной. Если у Вас есть партнер, то месяц будет конфликтным, с нестабильностью, ссорами и переосмылением постоянства. Если Вы одиноки, то не будете испытывать особого желания искать партнера. Вы будете сосредоточены на других проблемах и проявите незаинтересованность в представителях другого пола.*

*Планеты советуют оставить решение наиболее важных вопросов на следующий месяц и работать медленно. Не рискуйте в этом месяце, так как могут возникнуть ненужные проблемы. Расставьте приоритеты, и все будет хорошо.*

*Разумнее всего произвести некоторые изменения, чтобы ваша экономика была стабильной, а вы чувствовали себя в безопасности. Как только вы произведете эти изменения, вы будете значительно развиваться.*

*Вы будете чувствовать себя хорошо и сможете справиться со всем. Только будьте невероятно осторожны за рулем, чтобы не попасть в аварию.*

*У вас есть возможность исследовать множество миров уже сейчас, прежде чем вы решите, где хотите остаться и начать строить свою жизнь.*

### Счастливые числа
*9–24–25–30 - 32*

## октябрь 2024 г.

*Если вы состоите в паре, то это будет трудный месяц. Возникнет напряженность, а проблемы, которые будут возникать, приведут к расхождениям и несовпадению мнений. Если Вы одиноки, то встретите такого же духовного человека, как и Вы.*

*Друзья и развлечения будут ограничены кругом Ваших близких. У Вас будет много встреч с друзьями, поскольку Ваше стремление будет направлено на обмен идеями.*

*Это приятное время для накоплений, потому что в этом месяце вы заработаете больше денег, чем обычно, и сможете сделать то, что откладывали, и позволить себе некоторые роскошества.*

*Деньги и духовность идут рука об руку. Чем больше вы погружаетесь в духовность, тем лучше вам будет. Если вы хотите инвестировать, делайте это и прислушивайтесь к своей интуиции.*

*Ваше здоровье будет хорошим, за исключением конца месяца. Это приятное время для приведения себя в форму.*

*Вам будут сниться сны, наполненные информацией. Запишите приснившееся, пока не забыли.*

*Хорошая новость для тех, кто ожидает выплаты причитающихся им денег, - их деньги наконец-то окажутся в их руках.*

**Счастливые числа**
*1–2–17–24 - 30*

# ноябрь 2024 г.

*В этом месяце в любви будет наблюдаться нестабильность. Ваши отношения с партнером будут холодными. Вы будете продолжать жить параллельной жизнью. Если вы одиноки, то так и останетесь одинокими, хотя будете встречаться с друзьями и весело проводить время.*

*На семейном уровне вас ждут многочисленные застолья и семейные посиделки. С друзьями будет налажено эффективное общение, и вы будете чувствовать их поддержку. Именно здесь вы найдете свое эмоциональное равновесие.*

*На работе Вы будете нестабильны, может что-то случиться с коллегой.*

*Если у вас есть свой бизнес, вы опасаетесь за его будущее. Друг может предложить вам открыть свое дело.*

*В конце месяца ваша экономика будет просто фантастической. Вас будет сопровождать процветание, и недостатка в деньгах не будет. Вы сможете позволить себе многие роскошества и, кроме того, планировать свое будущее.*

*Это время, когда можно выиграть деньги в лотерею.*

## *Счастливые числа*
*2–6–15–28 - 31*

## *декабрь 2024 г.*

*В последний месяц года любовь будет на высоте. Если Вы одиноки, то любовь всей Вашей жизни неожиданно появится перед Вашими глазами. Если у Вас есть партнер, то Вам придется решать, с кем остаться, а если Вы одиноки, то это будет проще. Этот человек будет оказывать на вас влияние, между вами возникнет сексуальное притяжение, а интеллектуальная, духовная связь будет сильной.*

*Социальная жизнь будет активной, но работа будет самой важной частью месяца, так как вы будете продвигаться в профессиональном плане и чувствовать гордость за себя.*

*Если вы работаете, то вас ждет удача и успех во всем, что вы делаете. Вы будете получать интересные предложения о работе, не отказывайтесь от них, не изучив их, потому что они станут решением для вашего профессионального успеха.*

*Ваше самочувствие будет обычным, но с течением месяца вы будете чувствовать себя лучше. Вы должны беречь себя, соблюдать часы отдыха, чтобы не истощать себя. В рационе не должно быть жиров.*

*У Вас хорошая интуиция в отношении инвестиций, но в этом месяце она будет гораздо лучше.*

### Счастливые числа
*3–6–21–28 - 32*

## *Карты Таро - загадочный и психологический мир.*

*Слово Таро означает "королевская дорога", это тысячелетняя практика, точно неизвестно, кто придумал карточные игры вообще и Таро в частности; в этом смысле существуют самые разноречивые гипотезы.*

*Одни говорят, что они возникли в Атлантиде или Египте, другие считают, что таро пришли из Китая или Индии, из древней страны цыган или попали в Европу через катаров. Но факт остается фактом: в картах таро переплетается астрологическая, алхимическая, эзотерическая и религиозная символика, как христианская, так и языческая.*

*Еще недавно при слове "таро" некоторые люди представляли себе цыганку, сидящую перед хрустальным шаром в комнате, окруженной* мистикой, или думали о черной магии или колдовстве, но сегодня ситуация изменилась.

Эта древняя техника адаптируется к современности, она вошла в технологию, и многие молодые люди испытывают к ней глубокий интерес.

Молодые люди изолировали себя от религии, поскольку считают, что не найдут там решения того, что им нужно, они осознали двойственность этого, чего не происходит с духовностью. В социальных сетях можно найти аккаунты, посвященные изучению и чтению таро, поскольку все, что связано с эзотерикой, модно, более того, некоторые иерархические решения принимаются с учетом таро или астрологии.

Примечательно, что не те предсказания, которые обычно связаны с таро, являются самыми востребованными, а те, которые связаны с самопознанием и духовным консультированием, - самыми востребованными.

Таро — это оракул, с помощью его рисунков и цветов мы стимулируем нашу психическую сферу, ту внутреннюю часть, которая выходит за пределы естественного. Многие люди обращаются к таро как к духовному или психологическому путеводителю, поскольку мы живем в неопределенные времена, и это толкает нас на поиски ответов в духовности.

Это такой мощный инструмент, который конкретно рассказывает о том, что происходит в вашем подсознании, чтобы вы могли воспринять это через призму новой мудрости.

Карл Густав Юнг, известный психолог, использовал символы карт Таро в своих психологических исследованиях. Он создал теорию архетипов, в которой обнаружил обширную сумму образов, помогающих в аналитической психологии.

Использование рисунков и символов для обращения к более глубокому пониманию часто применяется в психоанализе. Эти аллегории являются частью нас, соответствуя символам нашего подсознания и нашего разума.

В нашем бессознательном есть темные области, и, используя визуальные техники, мы можем добраться до различных его частей и раскрыть неизвестные нам элементы нашей личности. Когда вы сможете расшифровать эти послания с помощью изобразительного языка Таро, вы сможете выбирать, какие решения принимать в жизни, чтобы создать ту судьбу, которую вы действительно хотите.

Таро с его символами учит нас тому, что существует иная Вселенная, особенно в наше *время, когда все так хаотично и всему ищут логическое объяснение.*

## *Карта Таро "Отшельник" для Рыб на 2024 год*

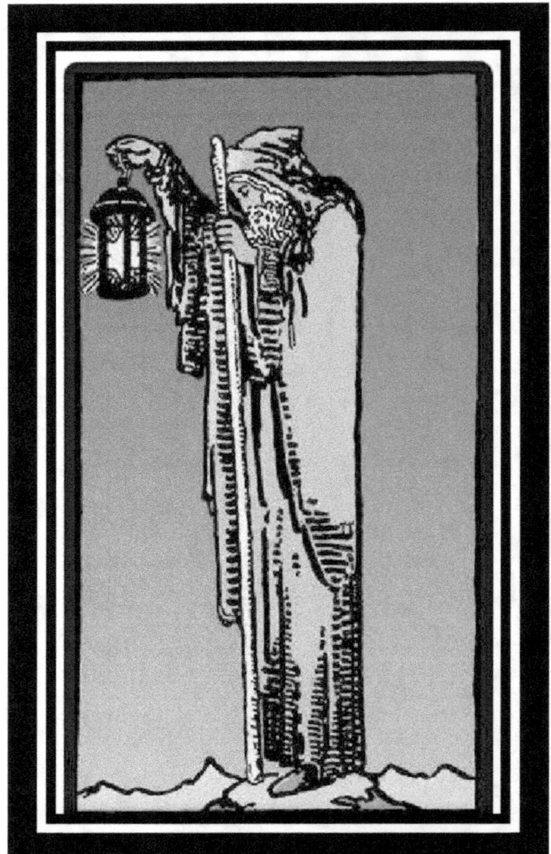

Эта карта Таро - приглашение задавать себе вопросы и искать ответы внутри себя.

Это письмо тех, кто не боится исследовать самые глубины своей реальности.

Здесь показаны преподаватели и те, кто ищет этих преподавателей.

Она приглашает вас найти ответы в тишине и одиночестве, а также помедитировать.

Это карта поиска, но внутреннего поиска.

Она учит тому, что нужно уделять время себе, чтобы подумать и погрузиться внутрь себя, ища истину и правильные ответы, которые приходят от мудрости.

Сейчас не время для импульсивных действий, а время для спокойного обдумывания происходящего. Это говорит о том, что вам необходимо развивать свой дух путем глубокого самоанализа, найти свой собственный свет и проложить свой собственный путь.

Оставайтесь в одиночестве или общайтесь только с теми, кто созвучен вашему моменту. Не тратьте время и энергию на тех, кто не созвучен вам.

Эта карта предвещает перемены. Это будет сложный процесс, но он будет иметь положительное завершение. Этот переходный период поможет вам узнать правду о себе.

Вы проживаете ситуацию, которая требует ответов, и ответы находятся внутри вас. Эта карта просит Вас о дистанции, неважно, от партнера или от себя. Если у Вас есть партнер, то Ваши отношения переживают трудный период, в котором пострадали коммуникации.

Это также указывает на присутствие старой любви, а вместе с ней и осложнений, поэтому следует воздержаться от необдуманных решений. Вы должны оценить, удобно ли вам связываться с прошлым.

# *Руны года 2024*

Руны — это набор символов, образующих алфавит. Слово "руна" означает "тайна" и символизирует шум столкновения одного камня с другим. Руны — это древний провидческий и магический метод.

Руны не служат для точных предсказаний, но они служат для того, чтобы подсказать вам будущее событие, предмет или решение.

Руны имеют конкретное значение для того, кто хочет его получить, а также некое послание, связанное с невзгодами, возникающими в жизни.

# *Raido, руна Рыб 2024*

*Мир и вы - одно целое. Не пытайтесь изменить то, что вам не нравится в мире. Измените себя, и вы увидите, как в вашей жизни проявляются чудеса.*

*Он представляет энергии, которые приходят в вашу жизнь для ее преобразования, а значит, вам придется что-то менять.*

*Она призывает вас преобразовать свою жизнь и взять на себя ответственность за решения, которые до сих пор вы откладывали. Эта руна открывает перед вами новые возможности в отношениях с людьми, приехавшими из других стран, или предлагает вам совершить деловую поездку, чтобы разблокировать то, что парализует ваш бизнес.*

*Изобилие может прийти в вашу жизнь, если вы решите пройти лишнюю милю.*

*Raido дает вам энергию, необходимую для движения вперед, и снимает страх перед посещением врача.*

*Она предупреждает о том, что произойдут неожиданные ситуации, которые заставят вас сменить место жительства или работы. Все это произойдет потому, что Вы должны обновить себя.*

*Проверьте, в каком состоянии находятся Ваши сентиментальные отношения, так как Радио предупреждает Вас о том, что между Вами и Вашим партнером существует дистанция, и этот год благоприятен для примирения. Если Вы одиноки, то любовь придет внезапно.*
*Задумайтесь о личностном и профессиональном росте, сталкивайтесь с ситуациями, которые ставит перед вами судьба.*

## *Удачные цвета*

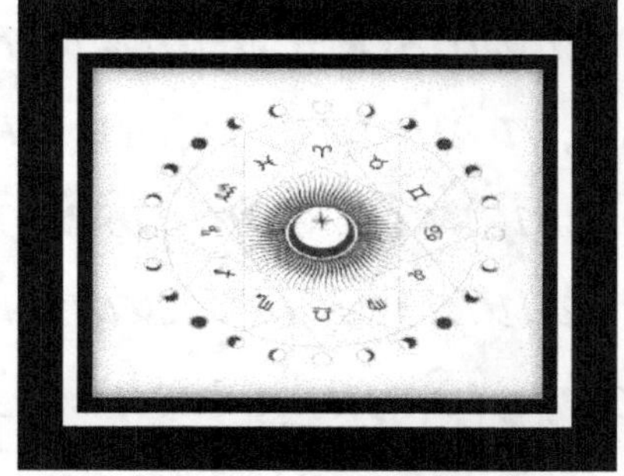

Цвета оказывают на нас психологическое воздействие: они влияют на нашу оценку вещей, мнение о чем-то или о ком-то, а также могут использоваться для принятия решений.

Традиции встречи нового года в разных странах различны, и в ночь на 31 декабря мы подводим итоги всего позитивного и негативного, что было в уходящем году. Мы начинаем думать о том, что нужно сделать, чтобы изменить свою удачу в новом году.

Существует несколько способов привлечь к себе положительные энергии при встрече нового года, и один из них - надеть или носить аксессуары определенного цвета, привлекающего то, что мы желаем в наступающем году.

Цвета несут энергетический заряд, влияющий на нашу жизнь, поэтому всегда рекомендуется встречать год, одетым в цвет, привлекающий энергии того, чего мы хотим достичь.

Для этого существуют цвета, которые положительно вибрируют с каждым знаком Зодиака, поэтому рекомендуется носить одежду того оттенка, который будет способствовать привлечению процветания, здоровья и любви в 2024 году. (Эти цвета можно использовать и в остальное время года для важных событий или для того, чтобы сделать ваши дни более насыщенными).

Помните, что, хотя чаще всего принято носить красное белье для страсти, розовое - для любви, а желтое или золотое - для изобилия, никогда не будет лишним включить в свой наряд тот цвет, который наиболее выгоден нашему знаку зодиака.

# *Рыбы*

## *Серебро*

**Ключевые слова серебра**: *стабильность, чувствительность, многогранность, независимость, спокойствие, упорство.*

*Серебро — это цвет Луны, который постоянно меняется. Он связан с женской и эмоциональной частью, чувствительными аспектами и разумом. Это символ связи между человеческим и небесным миром.*

*Серебро уравновешивает, гармонизирует и является цветом, способствующим внутреннему очищению. Он олицетворяет божественность и обладает энергией, которая может помочь владельцу. Серебро - универсальный цвет, который используется для создания баланса и гармонии.*

*Этот цвет поможет вам связаться со своей интуицией и привлечь в свою жизнь изобилие.*

*Серебро напоминает вам о том, что вы духовное существо, и помогает найти свое предназначение.*

## Лаки Чарус

У кого нет счастливого кольца, цепочки, которая никогда не снимается, или предмета, который он не отдал бы ни за что на свете? Все мы наделяем принадлежащие нам предметы особой силой, и этот особый характер, который они принимают для нас, делает их магическими предметами.

Для того чтобы талисман мог действовать и влиять на обстоятельства, его носитель должен верить в него, и тогда он превратится в огромный предмет, способный выполнить все, что от него требуется.

Обычно амулетом называют любой предмет, умилостивляющий добро в качестве средства защиты от зла, вреда, болезней и колдовства.

Амулеты на удачу помогут вам провести 2024 год в благоденствии в доме, на работе, в семье, привлечь деньги и здоровье. Чтобы *амулеты работали правильно, не следует давать их в руки посторонним и всегда иметь под рукой.*

*Амулеты существовали во всех культурах и изготавливались из элементов природы, которые служат катализаторами энергий, способствующих исполнению желаний человека.*

*Амулету приписывается способность отгонять зло, чары, болезни, бедствия или противодействовать злым пожеланиям, произнесенным через глаза других людей.*

## Амулет для Рыб

### Подкова.

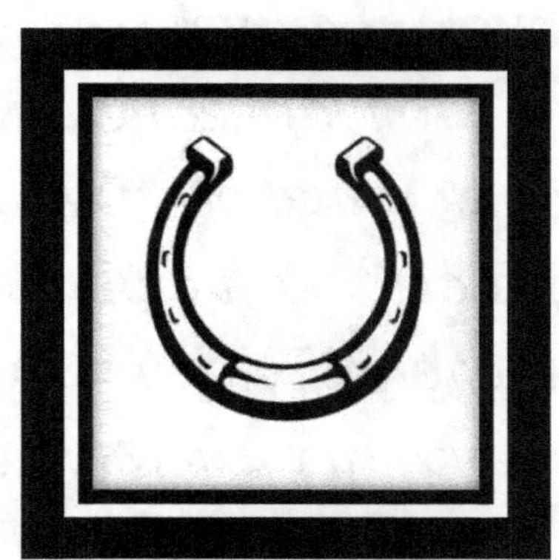

Один из древнейших амулетов в истории, он является магическим символом и талисманом.

Со времен Древней Греции подковы считались мощными амулетами, защищающими от зла и привлекающими удачу. Их форма, напоминающая полумесяц, символизирует плодородие и процветание.

Если вы хотите, чтобы он принес вам удачу, положите его лицевой стороной вниз, а если, наоборот, ищете защиты, то положите его лицевой стороной вверх. Его сила заключается в том, чтобы рассеивать сомнения и привлекать удачу.

# *Счастливый кварц*

Всех нас привлекают бриллианты, рубины, изумруды и сапфиры - очевидно, драгоценные камни. Полудрагоценные камни, такие как сердолик, тигровый глаз, белый кварц, лазурит, также высоко ценятся, поскольку на протяжении тысячелетий использовались в качестве украшений и символов власти.

Многие не знают, что они ценились не только за красоту: каждый из них имел сакральное значение, а их целебные свойства были не менее важны, чем декоративные.

Кристаллы и в наши дни обладают теми же свойствами, большинство людей знакомы с наиболее популярными из них, такими как аметист, малахит и обсидиан, но в настоящее время появились новые кристаллы, такие как лайма, петлит и фенакит.

Кристалл — это твердое тело геометрически правильной формы, кристаллы образовались при создании Земли и продолжают метаморфировать по мере изменения планеты, кристаллы — это ДНК Земли, это миниатюрные хранилища, в которых хранится развитие нашей планеты за миллионы лет.

Одни из них подвергались огромному давлению, другие росли в камерах, расположенных глубоко под землей, третьи возникали из капель. Какую бы форму они ни принимали, их кристаллическая структура способна поглощать, сохранять, фокусировать и излучать энергию. В основе кристалла лежит атом, его электроны и протоны. Атом динамичен и состоит из ряда частиц, которые вращаются вокруг центра в постоянном движении, поэтому, хотя кристалл может казаться неподвижным, он представляет собой живую молекулярную массу, которая вибрирует с определенной частотой, и именно это придает ему энергию.

Раньше драгоценные камни были царской и священнической прерогативой, священники иудаизма носили на груди бляшку с драгоценными камнями, которая была не просто эмблемой, обозначавшей их функции, но и передавала власть носителю.

Люди носили камни еще в каменном веке, поскольку они выполняли защитную функцию, оберегая своего владельца от различных бед. Современные кристаллы обладают той же силой, и мы можем подбирать украшения не только по их внешней привлекательности: находясь рядом с ними, можно зарядиться энергией (оранжевый сердолик), очистить пространство вокруг себя (янтарь) или привлечь богатство (цитрин).

Некоторые кристаллы, такие как дымчатый кварц и черный турмалин, способны поглощать негатив, излучая чистую и прозрачную энергию.

Ношение черного турмалина на шее защищает от электромагнитных излучений, в том числе от сотовых телефонов; цитрин не только привлечет богатство, но и поможет его сохранить; поместите его в части дома, посвященной богатству (задний левый угол, наиболее удаленный от входной двери). Если вы ищете любовь, кристаллы помогут вам в этом: поместите розовый кварц в угол отношений вашего дома (задний правый угол, наиболее удаленный от входной двери), его воздействие настолько сильно, что вы можете добавить аметист, чтобы компенсировать притяжение.

Можно также использовать родохрозит - любовь придет сама.

Кристаллы способны исцелять и дарить равновесие, некоторые кристаллы содержат минералы, известные своими лечебными свойствами, малахит имеет высокую концентрацию меди, ношение малахитового браслета позволяет организму усваивать минимальное количество меди.

*Лазурит снимает мигрень, но если головная боль вызвана стрессом, то аметист, янтарь или бирюза, помещенные над бровями, снимут ее.*

*Кварц и минералы — это драгоценные камни матери-земли, дайте себе эту возможность и соединитесь с магией, которую они излучают.*

# Кварц, приносящий удачу Рыбам в 2024 году

## Аметист

Это защитный камень, который работает на уровне интуиции, развивая третий глаз и стимулируя мудрость.

Он способен успокоить гнев и уничтожить его негативные эмоции.

Он устраняет психический хаос и приносит умиротворение, поэтому его используют для создания эмоционального равновесия.

Используется для снижения стресса и тревожности.

Он также может помочь людям, находящимся в состоянии стресса, справиться с сильными эмоциями, которые выходят наружу во время этого цикла.

Этот кварц успокаивает эмоциональные бури, а в случае опасности аметист придет к вам на помощь.

Он придает владельцу мужество и является эффективным амулетом.

Если вы используете его, то будете защищены от страданий и опасностей.

## Совместимость Рыб и знаков Зодиака

### Рыбы

Символом **Рыб являются** две рыбы, плывущие в противоположных направлениях и связанные невидимой нитью, что символизирует их существование на пересечении утопии и реальности. Это последний знак Зодиака, и поэтому Рыбы аккумулировали в себе все уроки, пройденные одиннадцатью передними знаками.

 Это самый духовный знак в зодиакальном колесе. Мирный и вежливый, но угрюмый, как особь, обитающая в глубинах океана. Туманностью Рыб управляет Нептун - планета, управляющая творчеством и мечтами, а также утопией и эскапизмом.

Нептун роскошен, увлекателен, но иногда может и пугать.

Эти свойства находят самое непосредственное отражение в Рыбах. Как водный знак, она обладает огромной многомерной глубиной и магией, что делает ее соблазнительной для других.

 Подобно тому, как море чередует свои волны: то оно спокойно, фантазируя о завтрашнем дне и размышляя о душах и событиях своей жизни, то оно энергично и бурно, высвобождая свои сокровенные чувства в грандиозных течениях.

Поскольку море - мощная и опасная сила, прежде чем приступить к покорению Рыб, не забудьте набраться сил и быть готовым к тому, что вас ждет полный набор страшилок.

Приверженец своего метода, Рыбы никогда не боятся изменить свое мнение; более того, они радуются возможности принять новые точки зрения и идеи.

Рыбы не злопамятны; он может иметь самый большой конфликт в мире и полностью вычеркнуть его из своей памяти. Кроме того, Рыбы помогают другим взглянуть на жизнь с новых позиций, и вы можете рассчитывать на его помощь в любых обстоятельствах.

Он постоянно интересуется новыми методами расширения своего кругозора, и Рыбы любят подталкивать свою духовность с помощью изменяющих воображение обычаев, даже если это означает погоню за русалкой в болоте, поскольку, как высший знак зодиака, он совершенно уверен, что реальность действительно нематериальна.

Этот знак - эмоциональная губка, притягивающая к себе все, что находится в ее окружении, даже то, что существует на тонком плане.

*Обладая столь высокой эмпатией, Рыбы, прежде чем вступать в новые отношения, должны потратить время на то, чтобы разобраться в своих ощущениях, отметить любой дискомфорт, а если ощущения странные, то можно с большой долей уверенности сказать, что они впитали темные энергии из аутического поля другого человека.*

*Если Рыбы смогут определить, откуда берется это напряжение, им будет легче осознать, как чувства других людей влияют на него физически.*

*Это поможет Вам сосредоточиться на установлении разделительных линий и в будущем не тяготиться чужими трудностями. Рыбы — это приветливая, ласковая и чистая душа, которую оживляют мечты, музыка и любовь. Знакомство с Рыбами подобно погружению в глубины великого океана, оно волнительно и таинственно.*

*Рыбы инстинктивно тянутся к нетрадиционным людям, которые маршируют под бой собственных барабанов. Однако это не означает, что их идеальный партнер - социальный изгой.*

*Рыбы действительно предпочитают партнеров, связанных с новаторскими и либеральными сообществами.*

Когда речь идет о свидании с Рыбами, можно сходить в оперу, посетить художественную галерею или записаться на мастер-класс по изобразительному искусству.

Он находится под влиянием переживаний, в первую очередь тех, которые связаны с нереальными и не телесными потенциями, более того, любой опыт духовных Рыб, как подтверждается, связан с глубоким субъективным исследованием.

Со временем и в процессе общения вы сможете точно выяснить, какие виды практики ваш партнер этого знака может терпеть, а какие нет, но в начале отношений избегайте всего непомерного. Это проницательное существо не терпит ничего грубого.

При такой духовной и эмоциональной персонализации брачные отношения Рыб глубоко сентиментальны, это глубоководное существо понимает интимные отношения как союз двух возвышенных и правильных душ. Рыбы могут вступать в незапланированные сексуальные отношения, но прежде, чем опуститься до такой низости, они предпочитают быть с тем, кто им дорог.

Этому чувствительному знаку трудно создать границы, поскольку в море границ не существует.

*Причинно-следственные связи с Рыбами подобны путешествию в другую галактику, и гораздо сложнее приобщиться к их приливам и отливам в рамках устоявшихся отношений.*

*Построение длительных отношений с Рыбами — это искусство, требующее бесстрашия, драйва и адаптивности. Рыбы действуют в своей собственной реальности, поэтому неудивительно, что этот мечтательный водный знак может быть немного грубоватым по краям.*

*Он может строить с Вами планы, хотеть купить дом или завести ребенка, а через некоторое время передумать. Это разочаровывает, но противостоять Рыбе в ее неискреннем поведении не стоит, поскольку у нее нет эмоционального каркаса, ее единственная защита - уплыть, а если вы не знали, Рыбы склонны прыгать с корабля при малейшем нападении.*

*В отношениях Рыбы должны согласиться с тем, что эмоции партнера необходимо передавать, ему может быть трудно признать то, что он не хочет слышать, но общение — это залог того, что отношения не будут потеряны.*

*Если Вы чувствуете, что Ваш партнер-Рыбы начинает отдаляться, один из способов привлечь его - музыка. Вроде бы простое занятие, но* персонализированные вещи завладеют сердцем этой маленькой рыбки и помогут вернуть ей уверенность в отношениях.

Однако если отношения достигают точки невозврата, Рыбы тихо изолируются. Он предпочитает не бороться с проблемой, поэтому предпочитаемая им форма разрыва часто бывает неопределенной и не окончательной.

**Рыбы и Овен — это** отношения, в которых царит взаимное уважение. Хотя, когда последний знак Зодиака соединяется с первым, о результатах никто не может догадаться. Рыбы пропитаны знаниями и эмоциями. Овен, как огненный знак, тревожен, честен и эгоистичен.

Эго Овна не причиняет вреда, поскольку оно мотивирует его к деятельности, а в партнерстве с Рыбами эти несопоставимые идеологии могут казаться несоразмерными. Однако если Рыбы смогут принять свирепость Овна как часть его невинности, а Овен сможет понять буйную душу Рыб, они могут стать эффективной парой.

**Рыбы и Телец** сентиментальны, поэтому эти два знака неожиданно притягиваются друг к другу. Рыбы любят искусство и поэзию, а Телец - еду и вино. Их отношения — это совершенно потусторонний опыт.

Интересно, однако, что Рыб и Тельца связывают не вкусы, а способность преподать друг другу более существенные уроки. Рыбы помогают осязаемому Тельцу воспринимать неопределенные идеи, а Телец побуждает восторженных Рыб крепче держаться за реальность.

Вместе эти знаки - не просто романтические партнеры, они вдохновители друг друга.

**Рыбы и Близнецы**, за исключением проблем с самообеспечением, вполне совместимы. Рыбы заворожены мастерством Близнецов в общении, а Близнецы довольны творческим подходом Рыб. Оба метательных знака подпитываются двойственностью, Рыбы символизируются двумя рыбами, а Близнецы - близнецами, поэтому их постоянно тянет в разные стороны.

Как легко они сходятся, так же легко они и расходятся. Для того чтобы отношения были успешными, этим двум знакам необходимо поддерживать друг друга и создавать реальную приверженность одному и тому же движению. Несмотря на то, что оба склонны уклоняться от работы, сохранить отношения с энтузиазмом -

*лучшее решение, которое может принять каждый из знаков.*

**Рыбы и Рак** *могут прекрасно работать вместе. Рыбы принадлежат к другому миру. Это водное животное, известное своими сладостными способностями, душевной креативностью и эффективным ясновидением, притягивает к себе энергии, ауры и все, что существует в тонких сферах жизни. Рак, также морское животное, является идеальной парой для Рыб. Отношения Рыб с этим водным товарищем могут быть приятными и акклиматизированными. Рак может научиться у Рыб оттачивать свои интуитивные способности. Конечно, время от времени события могут приобретать несколько скользкий характер.*

**Рыбы и Лев** *обладают творческими способностями, но выражают их по-разному. Если Льву нравится занимать центральное место, то Рыбы любят создавать сложные произведения, отражающие их собственный мир. В гармоничном сочетании эти два знака могут выступать в роли божеств друг друга, вдохновляя собеседника на дальнейшее развитие собственных* *творческих способностей. Однако вода и огонь разрушительны.*

*Море эмоций Рыб испаряется от драматизма Льва, а пламя Льва гасится эмоциями Рыб; действительно, для того чтобы эта пара продержалась долго, придется потрудиться. Обоим знакам придется научиться учитывать свои приоритеты, но если они захотят, то эти отношения могут стать глубоко стимулирующими.*

***Рыбы и Дева - люди*** *чувствительные и сострадательные, поэтому эти противоположности относятся друг к другу на уровне глубокого сопереживания. В этих нежных отношениях оба стремятся пробудить друг в друге все лучшее и тем самым создать прекрасные и стабильные отношения. Логический ум Девы помогает Рыбам добиваться поставленных целей, а творческая изобретательность Рыб вдохновляет Деву на поиски собственного художественного выражения. Однако, хотя Рыбы и Дева могут извлечь пользу из доброты и взаимной поддержки, могут возникнуть проблемы, когда эти знаки становятся мучениками.*

*Этим знакам следует помнить, что отношения — это скорее ответственность, чем жертва. Если каждый знак потратит все время отношений на кровопускание, то праздновать будет нечего.*

**Рыбы и Весы** *— это сложные отношения. Для этих двух знаков их встреча может быть действительно похожа на любовь с первого взгляда.*

*Чувствительные Рыбы и вдумчивые Весы - романтики по натуре, поэтому они неожиданно для себя влились в это космическое слово любви. Рыбы и Весы хотят создать успешные отношения, но ни те, ни другие не уверены в том, как сохранить свой союз.*

*Поскольку ни один из этих знаков не отличается особой убедительностью, им проще истреблять друг друга на расстоянии. С другой стороны, и Рыбы, и Весы не любят конфликтов, поэтому при возникновении опасных ситуаций они убегают. Если вы оба хотите создать прочные отношения, вам придется создать границы, установить условия и сообщать о своих потребностях, даже если это будет означать периодические споры.*

**Рыбы и Скорпион — это** очень духовные отношения. Скорпион очень сдержан, и если другим знакам трудно смириться с его неприкосновенностью, то Рыбы с удовольствием уважают эти границы. Рыбы - врожденный экстрасенс, и им действительно не нужно, чтобы Скорпион делился личной информацией.

Между ними существует невербальное общение. Скорпион ценит это и может научить Рыб отстаивать свои потребности. Рыбы нуждаются в большом пространстве для исследований, а Скорпион склонен к собственничеству, поэтому этим двоим необходимо установить определенный ритм. В конце концов, Рыбы и Скорпион - ответственная и неповторимо красивая пара.

**Рыбы и Стрелец** сразу понимают друг друга, так как оба являются странниками, хотя, будучи соответственно водным и огненным знаком, они исследуют несхожие сферы.

Когда они встречаются, то в двустороннем порядке сообщают друг другу важные сведения о характерных для них сферах деятельности. Рыбы и Стрелец просвещают друг друга, воспитывая взаимные ценности. Однако им может быть трудно оставаться в отношениях долгое время.

*Рыбы нуждаются в воде для поддержания интереса, а Стрелец требует стабильной обстановки для поддержания огня. Для того чтобы между Рыбами и Стрельцом сохранились романтические отношения, им придется признать свою дистанцию и дать друг другу свободу.*

**Рыбы и Козерог -** *знаки воды и земли соотвественно и живут в счастливой гармонии. Их отношения могут быть несколько мрачными, так как Рыбы очень эмоциональны и чувствительны, а Козерога в первую очередь питает материальный мир.*

*В большинстве случаев эти различия вдохновляют, однако Рыбы могут чувствовать себя подавленными суровостью Козерога, а Козерог может быть обескуражен отсутствием у Рыб опоры.*

*К счастью, они могут найти общий язык, так как Рыбы могут сотрудничать в творчестве, а Козерог может создать условия для того, чтобы помочь Рыбам воплотить свои мечты в жизнь.*

**Рыбы и Водолей** *- два последних знака Зодиака - образуют привлекательную пару. Когда* эффективная энергия водолейского воздуха соединяется с эффузивными водами Рыб, ожидайте тайфунов. Однако они образуют динамичную пару, поскольку обоим знакам импонирует исследование тайн жизни, и, хотя Водолей связан с наукой, а Рыбы - с духовностью, каждый из них глубоко ценит подходы другого.

 Эти двое могут отвлекать друг друга, сотрудничая своими сложными теориями и умозрительными идеологиями. Хотя Рыбам и Водолею, возможно, будет трудно преодолеть вихревые потоки, из них может получиться отличная команда.

**Рыбы и Рыбы** — это не пара, это аквариум. Они романтичны, идилличны и чувствительны, поэтому эти отношения основаны на деликатности и творчестве.

На самом деле, поскольку Рыбы очень экстрасенсорные, эти отношения могут быть кармическими. Это отношения из других жизней. Но в море нет границ, и точно так же этим двоим трудно определить свою романтическую схожесть.

Однако в этом случае союз может стать слишком эмоционально насыщенным, и эти рыбы легко попадут в зависимость друг от друга, а *значит, разрушат ее. Если они хотят создать здоровые отношения, им придется понять, как построить компактную надстройку вокруг их сырой сентиментальности. А главное, им обоим придется научиться балансировать между заботой о себе и взаимной заботой.*

## Рыбы и призвание

*Рыбы — это знак, который блистает в обстановке, наполненной творчеством. Материальные блага и социальный статус для Рыб абсолютно ничего не значат.*

*Это не означает, что он не признает ценности материальных благ, но Рыбы не живут, думая о том, чем не обладают.*

*Это мягко, а главное - уважительно.*

## Лучшие профессии

*Рыбы сострадательны, креативны и артистичны. Символ Рыб - рыба вверху и другая рыба внизу. Это говорит о том, что Рыбы часто живут одновременно в двух разных существованиях. антрополог, филантроп, психолог, ветеринар, писатель научно-фантастических романов.*

## *Признаки, с которыми не стоит вести дела*

*Не стоит вести дела с Овнами, Близнецами и Водолеями. Эти знаки могут разорить вас.*

## *Признаки, с которыми можно ассоциировать*

*Вы можете сотрудничать со Львом, Раком и Стрельцом, с которыми сможете заключить суперуспешные деловые сделки и наполнить свои карманы деньгами.*

## *Денежные ритуалы*

### *Германский ритуал получения кредита.*

*Для повышения эффективности лучше всего выполнять его в среду или пятницу.*

*- Карточка компании, которая должна предоставить Вам кредит или заем (если у Вас ее нет, подпишите ее название и запрашиваемую сумму на зеленом листке бумаги).*

*- 1 ст. л. меда*

*- 5 цитрусовый кварц*

*- 1 палочка корицы*

*- 1 зеленая свеча-пирамидка*

 -1 ладан с корицей

- 1 фаянсовый контейнер

- 1 кусок золотой ткани.

- 1 золотая лента

Вы зажигаете благовоние и проводите им над карточкой или бумагой компании, которую вы хотите прокредитовать.

Положите в емкость бумагу или открытку, добавьте цитрины. Налейте мед, положите палочку корицы и накройте банку куском золотистой ткани, завязав ее лентой с пятью узлами.

Затем зажечь зеленую свечу в форме пирамиды и, когда она будет израсходована, выбросить остатки. Банку следует спрятать в темном месте, где к ней нет доступа.


**Ритуал для умножения продаж.**

Вам потребуется:

- Луковый порошок

- Порошок корицы

- Лимонная цедра, натертая на терке.

- Морская соль

- Молотая мята

*- Пивные дрожжи.*

*- Чесночный порошок*

*- Полосатая кожура грейпфрута*

*Смешайте все эти ингредиенты в ступке с пестиком. Каждый четверг в час планеты Венера или Солнца посыпайте все уголки своего бизнеса этим волшебным порошком.*

*Вы размещаете порошок на торговых стойках, на входной двери и на кассовом аппарате.*

### *Лягушка богатства по фэн-шуй.*

*Эту лягушку следует поместить около входа в дом и обратить лицом внутрь. Для деловых людей предпочтительно размещать ее в богатстве. Не следует держать ее в спальне, на кухне и в ванной комнате. Никогда не оставляйте его на полу или на земле. Его следует располагать на чем-то красном. Если вы покупаете лягушку с рубином, убедитесь, что его сторона направлена вверх (и ни в коем случае не вниз), когда вы кладете его в рот лягушке.*

*Если вы покупаете монету с китайской надписью на одной стороне и символами на другой, то, поместив монету в рот лягушке, убедитесь, что* сторона с китайскими символами обращена вверх. Рекомендуется иметь в доме в общей сложности девять лягушек. Разместите их незаметно и в разных направлениях.


### Волшебная свеча.

Вам потребуется:

- 1 лист бумаги

- 1 зеленый карандаш

- 1 пакетик бумажного картриджа

- Белая фарфоровая тарелка

- Свеча золотого цвета

- Зеленый деревянный ящик


Это заклинание следует выполнять в понедельник или четверг, в то время, когда находится планета Венера.

Напишите на бумажке количество денег, которое вам необходимо. Сложите эту бумажку на три части и положите в пакет, поставьте его на фарфоровую тарелку.

 Зажгите золотую свечу и положите ее на мешок. Дайте свече догореть, а остатки положите в деревянную шкатулку и храните ее в тайном месте.


## Магический хлопок для изобилия.


*Вам потребуется:*

*- 1 стеклянная чаша*

*- 1 купюра любого достоинства*

*- 1 мешок с хлопком*

*- Коричневый сахар*

*- Мед*


*Наполните хрустальную чашу медом, положите в середину купюру и засыпьте ее сахаром. Поместите все в мешочек с хлопком и закопайте его во дворе или в парке, а пока закапываете, мысленно повторяйте:*

*"Ко мне приходит изобилие, я получаю деньги из неожиданных источников, я процветаю, деньги текут ко мне из многих источников".*

*Позаботьтесь о том, чтобы это было место, где никто не сможет его откопать.*

### **Ритуал выигрыша в лотерею.**

*Вам потребуется:*

*- 1 золотая свеча*

*- 1 веточка лаврового листа*

*- Морская соль*

*- 1 стакан воды "Полнолуние", "Дождь" или "Затмение*

*- 1 Жасминовое благовоние*

*- 2 камня пирита*

*- 1 лотерейный или лотерейный билет, не являющийся выигрышным*

*- 5 монет*

*- 5 банкнот, являющихся законным платежным средством*

*Это заклинание наиболее эффективно, если выполнять его в четверг или воскресенье.*

*На столе слева от себя поставьте стакан с водой, зажгите свечу и благовония и поместите их в центр. Пириты поместите справа. Морской солью сделайте круг, в который войдут вышеперечисленные ингредиенты. Пламенем свечи сожгите лотерейный билет и, выполняя эту операцию, трижды повторите следующее: "Невезение уходит из моей жизни". В стакан со* святой водой положите веточку розмарина и мысленно повторите пять раз: "Я получаю свой приз и удачу". Возьмите купюры и монеты и положите их рядом с пиритами.

Когда свеча догорит, вы можете выбросить все в мусор, кроме пиритов, которые вы закопаете во дворе или в цветочном горшке. Купюры и монеты будут лежать под матрасом до тех пор, пока вы не решите использовать их для покупки лотерейного билета.

### Спектакль Процветания.

Вам потребуется:

- 1 золотая свеча

- 3 апельсина (фрукты)

- 3 подсолнуха

- 5 монет общего пользования

- Масло корицы

- 5 малахит

- 1 законная платежная купюра

Нарисуйте спектакль маслом корицы, в каждую точку звезды положите монету и малахит. В центр поместите вытянутую купюру, а на нее - апельсины, образующие треугольник.

Вы зажигаете свечу и, держа левую ладонь над пламенем, повторяете вслух: "Огонь процветания, спектакль успеха, причеси богатство в мою жизнь". Во время произнесения этих слов правой рукой разбрасывайте лепестки цветов вокруг пенала. Когда свеча догорит, вы можете выбросить все, кроме малахита, который вы спрячете в уголке процветания в своем доме. Купюру и монеты нужно бросить у входа в очень процветающий бизнес.

### Ритуал "Дождевая вода за деньги".

В хрустальный кубок набирается дождевая вода, внутрь кубка насыпаются пять монет, пять цитринов, пять белых кварцев, пять малахитов, пять пиритов и пять аметистов. Эту чашу следует поставить на высокое место в вашем бизнесе или доме. Когда вода испарится, ее можно наполнить.

### Ритуал избавления от бедности.

Вам потребуется:

- 1 стеклянное блюдо

- *1 большая желтая свеча*

- *Головка чеснока*

- *11 монет, находящихся в общем пользовании*

- *1 новая швейная игла*

- *1 новые ножницы*

*Напишите на желтой свече, начиная с основания, свое полное имя и одиннадцать раз денежный знак ($). Зажгите ее и поставьте на стеклянную тарелку. Вокруг нее разложите монеты и шелуху от головки чеснока. Во время выполнения этой операции мысленно повторяйте: "Благодарю тебя за все изобилие, которое уже на пути в мою жизнь, я верю в изобилие и устраняю все блокировки бедности". Когда свеча будет израсходована, ее остатки можно выбросить, а монеты потратить.*

### *Ритуал по выплате долга.*

*Этот ритуал наиболее эффективен, если проводить его в четверг или пятницу, в момент нахождения планеты Венера или Солнца.*

*Вам потребуется:*

- *1 жемчужное ожерелье*

-1 кусок красной ткани

- 1 аметист

-1 речной камень

- 1 стакан свежего коровьего или козьего молока

Расстелите на столе красную ткань, положите на нее ожерелье в форме круга, а в центр поставьте чашу с молоком, куда предварительно должны были быть внесены аметист и речной камень.

Стоя перед этой чашей, мысленно повторяйте про себя: "Все долги уходят из моей жизни; я освобождаюсь от рабства долгов".

Оставьте его в таком виде на 24 часа. На следующий день выбросьте молоко, а ожерелье, аметист и камни спрячьте в сумочку, которой не пользуетесь.

### Заклинание с кокосовыми орехами для получения денег.

Вам потребуется:

- 3 целых кокоса

- 1 стакан с дождевой или лунной водой

- 1 белая свеча

*В пятницу вечером перед сном положите три кокосовых ореха рядом с кроватью, на уровне головы. Рядом поставьте стакан со священной водой и зажженную белую свечу.*

*На следующее утро, когда вы встанете, вылейте воду перед своим домом. Возьмите один за другим кокосовые орехи и левой рукой проведите ими по своему телу.*

*Выполняя эту операцию, мысленно повторяйте: "Я - магнит, и я постоянно притягиваю изобилие и процветание".*

## Лучшие страны и города для жизни

**Страны:** *Замбия, Йемен, Вьетнам, Венесуэла, Португалия, Уругвай и Египет, Самоа.*

**Города**: *Пустыня Сахара, Иерусалим, Александрия, Севилья, Сантьяго-де-Компостера, Борному, С аутпорт.*

## *Инессы и эфирные масла за деньги*

*Ладан и эфирное масло мяты освежают пространство и таким образом очищают среду, заряженную плохими энергиями.*

## *Растения за деньги*

**Ромашка**: *используется с древних времен благодаря тысячам свойств и полезных свойств. Она используется для устранения негатива и привлечения изобилия.*

## *Кварц для денег*

**Нефрит:** *поскольку он зеленого цвета, как деньги, он связан с изобилием.*

*Это мощный камень, который используется во многих культурах, особенно на Востоке.*

*Считается, что это самый мощный камень для привлечения денег и процветания в бизнесе. Продавцам рекомендуется всегда иметь его возле кассы или в том месте, где они хранят деньги.*

## Денежные брелоки


## Потекли Юпитера, которые гарантируют вам процветание.


*Потекли - магические фигуры, способные передавать положительные энергии окружающему миру. Действие пента клей Юпитера проистекает из сочетания букв, знаков и благотворных формул, они графически и мистически символизируют желание. Они четко действуют на психику людей, имеющих с ним визуальный контакт.*

*Самый большой сборник пента клей содержится в "Ключниках царя Соломона" - томе по высшей магии, приписываемом этому библейскому царю.*

*В нем 36 пента клей, имеющих различное назначение, и среди них - семь пента клей Юпитера.*


### Потекли для процветания.


*Цель этих пента клей - обеспечить изобилие, разрешить конфликты, связанные с работой, и помочь более непосредственно получать* всевозможные блага, обеспечивающие большее процветание.

*Юпитер, так называемый Великий бенефис в астрологии, — это планета, связанная с экспансией, оптимизмом, связями с влиятельными людьми и способностью приносить удачу.*

*Вы должны рисовать их с большой концентрацией и намерением, чтобы они проявили вашу волю.*

*Наиболее подходящим материалом является кусок пергамента. После завершения работы их следует повесить на видное место, например, на кассу или в бумажник (можно распечатать).*

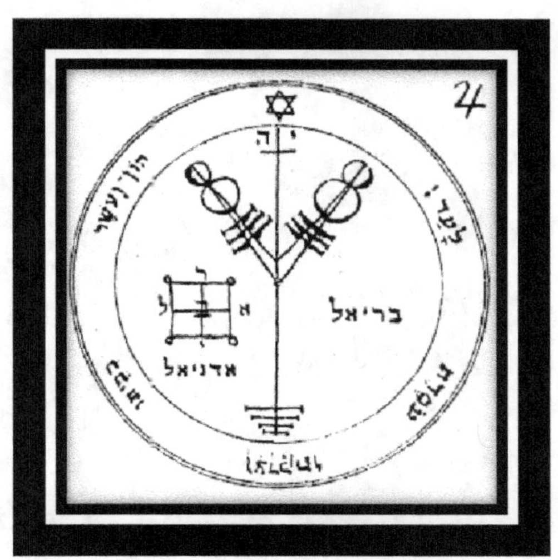

## *Аффирмации для получения денег*

*Выполнять эти указы следует в течение 21 дня, чтобы увидеть результаты, по возможности три раза в день. Если вы будете повторять их вслух, то они будут более действенными.*

- *Я божественная мудрость, которая разумно формирует все существование. Я спокойно иду через изобилие. Я вижу себя в процветании.*
- *Я обладаю силой создавать свой собственный мир. Мои мечты материализуются, потому что я упорно иду к ним. Все, к чему я стремлюсь, я достигаю.*

### *Отдых*

*Отпуск приносит физическую и психическую пользу. Доказано, что отдых снижает уровень стресса и способствует укреплению иммунной системы. Иногда планирование отпуска вызывает стресс, потому что вариантов бесконечное множество и выбор становится химерической задачей.*

*Используя астрологию, понимание вашей личности позволяет определить идеальное для вас место отдыха.*

***Овнам*** *идеально подойдет курорт "все включено" с активным отдыхом в теплом месте, например, в Пунта-Кане, Канкуне или на островах Теркс и Кайкос. Австралия — это захватывающая страна, которая предлагает массу эмоций, заставляющих сердце биться.*

***Тельцу*** *очень понравится отдых на роскошном курорте на острове Кайман или роскошный отдых в Дубае, в отеле со всеми удобствами. Италия - идеальная страна, потому что здесь вы найдете все, о чем всегда мечтали: любовь,* *очарование, роскошь, прекрасную кухню и первоклассные вина.*

***Близнецы** любят чувствовать себя интеллектуально вовлеченными. Путешествия с экскурсиями, например сафари в Африке или изучение видов Галапагос ких островов, предлагают зодиакальному коммуникатору роскошные впечатления.*

***Рак**, короткие поездки в окружении семьи и друзей. Одним из вариантов является Диснейленд, где можно насладиться аттракционами и разнообразной кухней. В Орландо, штат Флорида, есть множество фантастических отелей и курортов, каждый из которых имеет свою уникальную и увлекательную тематику.*

***Лев**, для этого знака фантастически подходит проживание в бунгало над морем на Таити. Альтернативой роскоши, которую любит Лев, может стать аренда частного тропического острова на Мальдивах, Фиджи или Виргинских островах.*

***Дева**, Италия - ваш лучший вариант. В этой стране вы найдете себе занятие по душе. Как* земной знак, вы связаны с окружающим миром, и такие места, как Ла-Романа в Доминиканской Республике, Пуэрто-Веха в Коста-Рике и Белу-Оризонте в Бразилии, вдохнут в вас жизнь.

**Весы**, выбирайте города с музеями. Тропический отдых не принесет Весам такого удовлетворения, как посещение Лувра в Париже, музея Акрополя в Афинах (Греция), музея Прадо в Мадриде (Испания) или галереи Уффици во Флоренции (Италия).

**Скорпион**, проведите несколько дней на уединенном пляже с алкоголем и массажем. В Греции, на Бали, Сен-Мартене или Гавайях вы найдете все эти предметы роскоши. Посещение объектов культурного наследия, расположенных неподалеку от вашего роскошного отеля, станет необычным сочетанием тропического и культурного отдыха. Мешконос и Рода в Греции - идеальные места для этого.

**Стрелец**, исследуйте Камина де Сантьяго - сеть совершенно разных путей, ведущих в город Сантьяго де Компостера. Каждый путь имеет свою историю, наследие и магию. Стрелец -

путешественник, жаждущий новых впечатлений, поэтому в Ирландии вы найдете все, что ищете.

**Козерог** - целеустремленный знак. Отпуск, во время которого можно завязать новые деловые отношения. Впечатляющим будет Китай. У Козерога есть чувство исторической ценности, которого нет у других знаков, поэтому такие страны, как Израиль и Египет, где присутствует история, позволят Вам чувствовать себя как дома.

**Водолей** любит новаторские идеи, неизведанные места и новые отношения. Фантастической страной для посещения может стать Япония не только из-за ее удивительной истории и культуры, но и потому, что каждый из ее регионов может предложить что-то свое.

**Рыбы -** водный знак, которому по душе тропический отдых. Идеальным вариантом будет отель на берегу моря. Остров "Ла Дик" в Республике Сейшельские Острова, самый красивый пляж в мире, будет иметь несомненный успех. Рыбы, обладающие спокойным взглядом на жизнь, под управлением Нептуна - творческий *мыслитель. Швеция - страна, которую ему стоит посетить, потому что там он найдет такую же новаторскую культуру, как и он сам.*

### *Кто является вашей второй половинкой в соответствии с вашим знаком зодиака?*

*Когда мы слышим термин "родственные души", мы обычно думаем о них как о членах пары, т. е. о тех, с кем вас связывает сильная сентиментально-сексуальная связь. Однако настоящие родственные души не всегда относятся друг к другу с этой точки зрения, а зачастую даже не заинтересованы в сексуальном аспекте отношений.*

*Вашей родственной душой может быть не только ваш партнер, но и ваш родитель, друг, ребенок, бабушка, дедушка, начальник или сестра.*

*С астрологической точки зрения и с учетом того, что уроки, которые мы должны усвоить перед выходом на новый духовный уровень, определяют тип аффективных отношений, которые нам необходимо развивать в жизни сегодня, можно сказать, что Рак и Рыбы являются родственными душами Овна.*

*С Раком и Рыбами Овен может не только лучше концентрироваться и разрешать конфликты без насилия, но и развивать эмпатию, то есть способность ставить себя на место другого и учиться делиться.*

Эти два знака не любят конфликтов, а если они и возникают, то они предпочитают диалог любому эпизоду жестокости.

Овен может научить Рака и Рыб не нуждаться в одобрении окружающих, быть более рискованными, не пытаться угодить всем, т. е. быть более напористыми.

Чувственный Телец, враг перемен, врожденный родственник инерции, имеет в качестве родственной души Стрельца и Близнецов - два знака, которые знают, что жизнь — это увлекательное, но не статичное путешествие.

Они могут научить Тельца тому, что не нужно оставаться там, где не нужно, боясь неопределенности, и что всегда будут возникать определенные ситуации или обстоятельства, которых мы не ожидаем и не в силах изменить их. Тельцу также есть чему научить эти знаки.

Уроки силы воли, чтобы иметь обязательства перед другими людьми, быть преданным тому, что они делают, и продолжать до конца с упорством, без спешки и медлительности. Иметь принципы и быть благоразумным.

Лев может сбалансировать много кармы со своими родственными душами, принадлежащими к Весам и Водолею.

*Лев может упрямо придерживаться ошибочной идеи или убеждения из тщеславия; Весы и Водолей знают, что за эгоцентричным человеком скрывается низкая самооценка.*

*Весы научат Льва хладнокровию и терпимости, использованию аргументации и дипломатии для поддержания ровного общения. Водолей, противоположный Льву знак, наделенный объективностью и справедливостью суждений, так как не подвержен предрассудкам, научит Льва видеть сердца людей, предлагать им свое плечо и говорить сочувственные слова в трудную минуту.*

*Лев никогда не колеблется при принятии решений, а если и колеблется, то не проявляет этого, что Весам следует практиковать.*

*Верность - отличительная черта Льва, неизвестная Водолею, и маленькие львята могут давать ему уроки нравственности.*

*У Дев, известных как перфекционисты из-за их огромного страха перед неудачей, родственными душами являются Скорпион и Козерог. Дева любит быть строгой в своих решениях и имеет прототип в каждом аспекте своей жизни. Такая избирательность мешает им следовать за движением жизни.*

*Дева будет разрывать весь проект на части, если посчитает, что он изначально был не идеален, чего Козерог никогда не сделает, так как его дальновидность позволяет увидеть, что всегда можно принять альтернативные меры, не начиная все сначала.*

*Козерог - знак, уверенный в собственном пространстве, он не принимает бессмысленных решений, как это иногда делает Дева.*

*С другой стороны, Скорпион может смягчить худшее и усилить лучшее в Деве. Скорпион и Дева имеют практический подход к жизни, однако Скорпион гораздо более жизнелюбив, чем Дева. Скорпион привнесет в жизнь решительность, которой не хватает Деве, а Дева - контроль и рациональность для увлеченного Скорпиона.*

*Дева сделает Козерога более приятным и игривым на своей стороне, изолируя его от той излишней серьезности, которую он часто демонстрирует на своем лице.*

## *Безумие*

*На протяжении всей истории человечества безумие представало перед нами как неясная, загадочная и противоречивая истина. Оно пугало нас, мы его игнорировали и даже принимали, и в результате люди, страдавшие от него, отвергались, уничтожались и почитались.*

*Любое поведение, не согласующееся с нашими рассуждениями, не обязательно является актом безумия, а представляет собой уникальный способ поведения.*

*Ошибкой будет, если мы, испытывая угрызения совести или раздражение от поступков или безрассудства других людей, прогоним их, поскольку это не сделает нас более разумными, уравновешенными или совершенными, а, наоборот, сделает такими же сумасшедшими.*

*Определение безумия так же сложно, как и определение здравомыслия, но все знаки Зодиака имеют свою степень безумия.*

*Рак: они темпераментны. Это приводит к тому, что они обладают непонятной для постороннего взгляда личностью. Популярность сумасшедшие заслужили благодаря своему непостоянному характеру, который иногда мешает окружающим.*

**Скорпион:** *для счастья им нужны перемены, они могут совершать безумные поступки только для того, чтобы получить хоть какую-то отдачу. Для них вспышка — это нормально, потому что они зависимы от перемен и неистовства.*

**Рыбы:** *невозможно, чтобы они не заразили вас своим безумием. Их нестабильность и неуравновешенность беспокоят окружающих. Они видят все в радужном свете, из-за чего их называют сумасшедшими, потому что они всегда парят на облаке.*

**Близнецы:** *славятся своей двойственностью. Иногда они находятся в конфликте с самими собой. Им нравятся вызовы, связанные с опасностью. Они любят планировать импровизированные приключения и всегда готовы перейти границы максимального безумия.*

**Лев***: когда огонь поселяется в их голове, им кажется, что все, что окружает их жизнь, важнее всего остального. Они экстравагантны и* придерживаются взглядов, которые для других считаются безумными. Они могут совершать поступки, которые разумный человек никогда бы не совершил.

**Овны:** они расстраивают себя и всех окружающих. Они упрямы и любят быть первыми во всем, даже если для этого им приходится совершать безумные поступки. Они не знают, как взять свои слова обратно, что приводит их к иррациональным поступкам.

**Водолей:** Бунтарский и свободный знак, который нисколько не заботится о том, какое мнение о них сложилось. Они ведут себя капризно, с безумными взглядами, ломающими парадигмы.

**Стрелец:** Он весел, но жесток в своем стремлении к действию. Они не умеют соизмерять последствия своих действий, что многие считают безумием. Не странно видеть их совершенно необузданными, переходящими границы безответственности.

**Весы:** они жаждут счастья и гармонии, и чтобы достичь их, готовы пойти на любые безумства. Они нестабильны, и это заставляет их нарушать взятые на себя обязательства, что многие считают безумием.


**Дева:** они впадают в крайности и становятся навязчивыми. Их представление о том, чего они хотят, написано на камне, никто не может дать им совет, они не позволяют руководить собой. Когда их не слушают, они совершают различные глупости.


**Телец**: когда в их голове появляется идея, никто не в силах ее прогнать, они даже совершают безумные поступки, чтобы подтвердить свою гипотезу. Попытайтесь оценить их терпение, и вы узнаете, насколько далеко заходит уровень их безумия.


**Козерог**: Он абсолютно ничего не забывает, не прощает и тем более не забывает, если вы сделали что-то не так, не волнуйтесь, потому что он будет напоминать вам всю жизнь, чтобы свести вас с ума. Козерог безумно одержим идеей контроля.

## ***Психология, лежащая в основе лотереи.***

*Лотерейные игры пользуются огромной популярностью во всем мире.*

*У каждого из нас есть несбыточная мечта - выиграть в лотерею, ведь иллюзия стать миллионером благодаря удаче, даже если шансы минимальны, - главная причина, по которой люди играют.*

*Игроки считают, что стоимость лотерейного билета по отношению к прибыли, которую они получат в случае выигрыша, ничтожно мала. Мы всегда воспринимаем риск эмоционально, и если он приносит нам удовольствие, то мы склонны считать риск незначительным и нейтрализовать эмоцию опасности, сосредоточившись только на выгоде.*

*Игроки рассматривают лотерею как уникальную возможность получить вознаграждение, вложив небольшие деньги и практически не подвергаясь риску.*

*Игры имеют как традиционные, так и суеверные аспекты. Некоторые люди всегда играют в одни и те же числа, потому что они их любимые, связывают их со знаменательной датой или они им приснились.*

*Другие играют в определенное время, день или место. Когда мы думаем, что контролируем ситуацию, мы чувствуем себя уверенно, потому что, когда мы сами выбираем числа, а не играем наугад, хотя шансы оказаться правым одинаковы, у нас создается впечатление, что мы управляем судьбой, и шансы складываются в нашу пользу.*

*Есть люди, которые играют только ради удовольствия, в таких случаях лотерея выходит за рамки экономических затрат, превращаясь в развлечение, которое оживляется, когда они прикидывают, что можно сделать на приобретенные деньги.*

### Существует пять психологических описаний отдельных игроков в лотерею:

**Авантюрист**, *которого завораживают игры с большими суммами дечег, спекуляции со случайными числами и с запланированными.*

**Конкурент**, *который настойчиво стремится показать себя через азартные игры, что он ставит на победу.*

**Жадный**, *не имеющий границ в азартных играх и не боящийся рисковать при ставках.*

***Тактик***, никогда не играя рискованно, ищет тактику, стратегию и числовые наборы при игре с числами.

***Суеверный человек***, который всегда играет одни и те же комбинации чисел, использует талисманы, ритуалы или покупает билеты на определенную дату и в определенном месте.

Существует ли хитрость или формула выигрыша в лотерею?

Этот вопрос до сих пор остается без ответа. Многие предполагают и утверждают, что вероятность того, что вас ударит молния, выше, чем вероятность выиграть в лотерею. Другие же с большим упорством и тонкостью изучают шансы.

Игра в лотерею, да и любая другая азартная игра, если она ведется в меру, — это дешевый способ приобрести иллюзии и уверенность в завтрашнем дне. Сложность возникает тогда, когда человек не контролирует свои порывы к игре, порождая зависимость от азартных игр и впадая в компульсивный гэмблинг.

 Игровой наркоман — это человек, которому азартные игры доставляют большие трудности на работе и в семейных отношениях, поскольку проигрыши побуждают его играть на более крупные суммы с целью вернуть потерянные *деньги. Это становится замкнутым кругом, и единственным способом его разрешения является психотерапевтическое лечение.*

### *Лучший подарок для знаков зодиака на Рождество.*

*Дарение подарков - универсальный способ показать, что мы заботимся о ком-то и ценим его, но покупка подарков в это время года может стать проблемой, а для некоторых - настоящей головной болью.*

*Планеты могут помочь вам один раз, зная знак зодиака человека, вы сможете сделать идеальный подарок.*

***Огненные знаки: Овну, Льву и Стрельцу*** *нравятся подарки, которые заставляют их чувствовать свою значимость, связанные со спортом, путешествиями, техникой.*

*Этим знакам понравится профессиональный цифровой фотоаппарат, последняя модель iPhone, билет на самолет с включенным отелем в экзотическое туристическое место или с историческим прошлым, деловая литература, спортивная одежда или тренажеры, лотерейные билеты, бутылки изысканного вина и эксклюзивная брендовая обувь.*

***Тельцы, Девы и Козероги****, принадлежащие к стихии Земли, иногда бывают традиционны, но* это не значит, что им не нравятся подарки от признанных брендов.

Их порадует картина известного художника, ремень или портфель для ношения рабочих бумаг, бумажник с их инициалами, фирменная парфюмерия, массаж или процедуры для тела, домашнее животное, халаты, уютные пижамы или даже аром диффузоры.

**Воздушные знаки: Близнецы, Весы и Водолей -** не материалисты, и функциональность подарка для них гораздо важнее цены. Их воображение богато, и все, что стимулирует эту способность, им нравится.

Сотовый телефон, компьютер или IPad, книги по личностному росту, духовности, философии и альтернативным методам лечения, курсы самопомощи и расширения экономических возможностей, телескоп, билеты в оперу или театр, животное, которое не нужно держать в клетке, кварц, эфирные масла, благовония и одеколон после ванны будут высоко оценены этими знаками.

**Рак, Скорпион и Рыбы,** водные знаки, будут в восторге от персонализированных подарков.

*Посуда для приготовления пищи, романтический ужин на пляже под луной, расслабляющий массаж в спа-салоне, смелое нижнее белье, тапочки или удобный диван для просмотра телевизора, бутылка шампанского, ароматические свечи, амулеты, книги по астрологии, набор карт Таро, лосьоны, духи и косметические принадлежности, вино, печенье, консервы и всевозможные деликатесы - вот список подарков, которые эти знаки примут с большим удовольствием.*

*Дарить подарки — это благословение, это жест щедрости; дарение подарков — это символический акт, который представляет собой комплимент, внимание к тому, кого мы хотим порадовать, и символизирует привязанность, которую мы исповедуем.*

*Когда мы дарим подарки, отношения улучшаются и укрепляются, появляется радость.*

### Знаки зодиака и их страхи.

Двенадцать знаков Зодиака символизируют двенадцать основных архетипов человеческой личности, но в то же время они являются психологическими прототипами, поэтому каждый из знаков Зодиака обладает специфическим и личностным страхом.

Давайте вспомним, что страх — это важнейший механизм тревоги и защиты человека. Он становится проблемой только тогда, когда становится чрезмерным.

Страхи — это неуверенность в себе, и иногда мы проецируем их на противоположные действия, как в случае со знаком **Овна, который** известен своей железной волей, ничто и никто его не парализует. Они любят все контролировать, а их самый укоренившийся страх - потерпеть неудачу или попросить о помощи, поскольку для них это синоним слабости.

**Телец** - самый упрямый из земных знаков. Их пугают перемены, а также нехватка денег, они всю жизнь копят, потому что их пугает бедность.

***Близнецы***, коммуникаторы Зодиака, немного тревожны и неуверенны в себе, они стараются привлечь к себе внимание, потому что боятся выглядеть скучными. Законные дети Луны, Раки любят свою зону безопасности, потому что там их никто не может обидеть, они боятся одиночества и отверженности.

***Лев***, король зодиака, лидеры и храбрецы, не рождены для того, чтобы проигрывать. Их самый укоренившийся страх - остаться незамеченными; они предпочитают, чтобы о них говорили плохо, но не игнорировали.

Мастер аккуратности **Дева** иногда становится навязчивым в вопросах здоровья, поэтому они ипохондрики. Их главный страх - заболеть, но больше всего их пугает неорганизованность.

 Исключительно интеллектуальные **Весы** нерешительны, и в этом кроется их главный страх - принимать решения. Другой их страх - одиночество.

*Загадочные и обольстительные* **Скорпионы** *обладают памятью слона, они боятся* предательства и, если вы сделаете что-то, что им не понравится, они будут скрывать это от вас вечно. Никогда не храните секреты от Скорпиона.

Авантюрист по знаку зодиака, **Стрелец** боится обязательств, потому что их требования ужасают. Они очень веселы, но за улыбкой скрывается страх быть обманутым.


Требовательные до крайности, **Козероги** никогда не отступают от своих целей; их главный страх - совершить ошибку, особенно на профессиональном уровне. Они самоотверженны и боятся не достичь своей мечты.


Бунтари и **утописты-Водолеи** боятся потерять свободу, это означало бы утрату собственной сущности. У них всегда много дружеских связей, но ни одна из них не связывает их. Они нуждаются в группе, но не хотят, чтобы группа нуждалась в них.


Мир - синоним **Рыб**, они ненавидят конфронтацию. Сострадательные до глубины души, они боятся видеть, как страдают другие.

*Они немного неуверенны в себе, испытывают страх сцены и боятся отказа.*

*В некоторых старых книгах по астрологии Сатурн отвечает за страх в натальной карте, я же считаю, что для возникновения страха необходимо проявление союза нескольких планет с соответствующими энергиями.*

*То есть страхи представлены различными планетами, связанными аспектами, нет конкретной планеты, которая обязательно связана с развитием того или иного вида страха.*

## *Луна в Рыбах*

*Если Ваша Луна находится в Рыбах, то у Вас есть потребность исследовать свои эмоциональные и духовные связи. Вы можете быть в гармонии со своими чувствами. Однако одна из трудностей заключается в том, что вы можете быть в ладу с чувствами других людей.*

*Безопасность, которую вы ощущаете, разделяя свои эмоциональные связи с другими людьми, должна сопровождаться обучением тому, как создавать эти связи здоровым способом и устанавливать границы.*

*На бессознательном уровне вы впитываете негативную энергию всех, с кем сталкиваетесь.*

*Люди с Луной в Рыбах чувствуют себя уверенно, когда имеют дело с болью других. Однако они должны научиться трансформировать этот негатив и освобождать его. Ваше предназначение - исцелять, а не быть мучеником. Вы не должны страдать, чтобы избавить других от страданий.*

*Энергия Рыб разрушается под давлением, и в любой ситуации, когда вы чувствуете, что на* вас давят либо чрезвычайно сильные границы, либо нарушение этих границ, вы склонны убегать.

*Потребности Луны в Рыбах в безопасности связаны с тем, насколько сильны эмоциональные и духовные связи в каждой конкретной ситуации.*

*Во многом вы позволяете своим эмоциям вести вас по жизни, склонны доверять своим инстинктам и следовать им.*

*Чем больше связь со Вселенной и чем больше единение с окружающими, тем более защищенным вы себя чувствуете.*

## *Значение знака Асцендент*

*Знак Солнца оказывает большое влияние на то, кто мы есть, но Асцендент — это то, что действительно определяет нас, и это даже может быть причиной того, что вы не идентифицируете себя с некоторыми чертами вашего знака Зодиака.*

*Действительно, энергия, которую дает вам ваш солнечный знак, заставляет вас чувствовать себя отличным от остальных людей, поэтому, когда вы читаете свой гороскоп, вы иногда чувствуете себя идентифицированным и придаете смысл некоторым предсказаниям, и это происходит потому, что он помогает вам понять, что вы можете чувствовать и что с вами произойдет, но он показывает вам только процент того, что может быть на самом деле.*

*Асцендент отличается от знака Солнца тем, что он отражает то, кем мы являемся поверхностно, то есть то, как другие видят вас или энергию, которую вы передаете людям, и это настолько реально, что вы можете встретить человека и, предсказав его знак, обнаружить его знак Асцендент, а не знак Солнца.*

В общем, те характеристики, которые вы видите в человеке при первой встрече, — это Асцендент, но поскольку на нашу жизнь влияет то, как мы относимся к другим людям, Асцендент оказывает большое влияние на нашу повседневную жизнь.

Объяснить, как вычисляется или определяется знак Асцендент, достаточно сложно, поскольку он определяется не положением планеты, а знаком, восходящим на восточном горизонте в момент вашего рождения, в отличие от вашего солнечного знака, который зависит от точного времени вашего рождения.

Благодаря технологиям и Вселенной сегодня узнать эту информацию проще, чем когда-либо, конечно, если вы знаете время своего рождения, или если вы имеете представление о времени, но запас не превышает нескольких часов, потому что существует множество сайтов, которые производят расчеты путем ввода данных, astro.com - один из них, но их бесконечное множество.

Таким образом, читая свой гороскоп, вы можете также прочитать свой Асцендент и узнать больше индивидуальных деталей, и вы увидите, что с этого момента ваш способ чтения гороскопа изменится, и вы узнаете, *почему этот Стрелец такой скромный и пессимистичный, если на самом деле он такой преувеличенный и оптимистичный, и это, возможно, потому, что у него Асцендент Козерога, или потому, что этот коллега Скорпион всегда говорит обо всем, без сомнения, у него Асцендент Близнецов.*

*Я собираюсь обобщить характеристики различных Асцендентом, но это также очень общее описание, поскольку эти характеристики изменяются планетами в соединении с Асцендентом, планетами, аспектирующими Асцендент, и положением планеты-управителя знака в Асцендент.*

*Например, человек с Асцендентом Овна, у которого управляющая планета Марс находится в Стрельце, будет реагировать на окружающую среду несколько иначе, чем другой человек, также с Асцендентом Овна, но у которого Марс находится в Скорпионе.*

*Точно так же человек с Асцендентом Рыб, имеющий конъюнкцию Сатурна, будет "вести себя" иначе, чем человек с Асцендентом Рыб, не имеющий этого аспекта.*

*Все эти факторы изменяют Асцендент, астрология чрезмерно усложняется, гороскопы не читаются и не составляются с помощью карт Таро, поскольку астрология — это не только искусство, но и наука.*

*Часто можно спутать эти два вида практики, и это связано с тем, что, хотя это два разных понятия, они имеют ряд общих моментов. Одним из таких общих моментов является их происхождение, которое заключается в том, что обе процедуры известны с древнейших времен.*

*Они также схожи по используемым символам, так как в обоих случаях речь идет о неоднозначных символах, которые необходимо интерпретировать, что требует специального чтения и обучения, чтобы знать, как интерпретировать эти символы.*

*Различий тысячи, но одно из главных состоит в том, что если в Таро символы совершенно понятны на первый взгляд, являясь образными картами, хотя и необходимо знать, как их хорошо интерпретировать, то в астрологии мы наблюдаем абстрактную систему, которую необходимо знать прежде, чем интерпретировать, и, конечно, надо сказать, что, хотя мы и можем распознать карты Таро, любой человек не может их правильно интерпретировать.*

*Толкование также является отличием этих двух дисциплин, поскольку если в таро нет точной привязки ко времени, так как карты располагаются во времени только благодаря вопросам, задаваемым в соответствующем раскладе, то в астрологии есть привязка к конкретному положению планет в истории, и системы толкования, используемые в обеих дисциплинах, диаметрально противоположны.*

*Астрологическая карта — это основа астрологии и самый важный аспект для составления прогноза. Чтобы чтение было успешным и позволило узнать больше о человеке, астрологическая карта должна быть идеально проработана.*

*Для составления карты рождения необходимо знать все данные о рождении человека, о котором идет речь.*

*Она должна быть точно известна, начиная с точного времени доставки и заканчивая местом, куда она была доставлена.*

*Положение планет в момент рождения покажет астрологу те точки, которые необходимы ему для составления карты рождения.*

*Астрология — это не только знание своего будущего, но и знание важных моментов своего существования, как настоящего, так и прошлого, чтобы принимать более правильные решения для определения своего будущего.*

*Астрология поможет вам лучше узнать себя, чтобы изменить то, что мешает вам, или усилить свои качества.*

*И если астрологическая карта является основой астрологии, то расклад Таро является основополагающим в последней дисциплине.*

*Так же как и от того, кто составляет астрологическую карту, от провидца, выполняющего гадание на Таро, зависит успех вашего гадания, поэтому лучше всего обратиться к рекомендуемым гадателям, и хотя, конечно, нельзя дать конкретные ответы на все вопросы, которые вы задаете себе в жизни, правильное гадание на Таро и карты, которые выходят в раскладе, помогут сориентироваться в решениях, которые вы принимаете в своей жизни.*

*Таким образом, и астрология, и таро используют символизм, но главный вопрос заключается в том, как весь этот символизм интерпретируется.*

*человек, действительно владеющий обеими техниками, несомненно, окажет огромную помощь тем, кто обратится к нему за советом.*

*Многие астрологи совмещают обе дисциплины, и регулярная практика показала мне, что обе они обычно очень хорошо сочетаются, обогащая все вопросы предсказания, но это не одно и то же, и нельзя составить гороскоп по картам Таро, как нельзя составить Таро по астрологической карте.*

### Рыбы Асцендент Овен

*Асцендент-Рыбы Овен обладает сильным характером и навязывает окружающим свое присутствие. Он будет предприимчивым и авторитарным Рыбой, хорошо разбирающимся в бизнесе и финансах. В любви он будет проявлять энтузиазм.*

### Асцендент Рыбы-Телец

*Асцендент Рыбы-Телец привязан к семье. В любви он восторжен, чувственен и собственничны. На работе он чрезвычайно сосредоточен, любит заниматься бизнесом и зарабатывать деньги.*

### Асцендент Рыбы Близнецы

*Близнецы на Асцендент Рыб обладают многогранностью, подвижным и открытым умом, большой работоспособностью. Он будет динамичным и открытым. В любви он будет независим, склонен к спорадическим связям и экспериментам с несколькими партнерами.*

### Рыбы Асцендент Рак

*Рак на Асцендент Рыбы - люди с богатым воображением, творческие, чувственные и романтичные. Иногда они могут быть собственниками и ревнивцами. В профессиональной сфере они будут чистыми творцами.*

### Рыбы Асцендент Лев

*Асцендент Рыб Лев — это уверенная в себе личность, обладающая лидерскими качествами, независимая и склонная к авантюрам. Рыбы* склонны прислушиваться к проблемам других и помогать им. Их жизнь будет сплошным праздником. В профессиональном плане они будут прилежны, обучаемы, а их эмпатия откроет многие двери.

### Рыбы Асцендент Дева

Дева на Асцендент Рыб — это люди, обладающие большой способностью к анализу, наблюдению, планированию, организации, легкостью в переговорах и уговорах, а также большим контролем над всем. В любви они рефлексивны.

### Рыбы Асцендент Весы

Весы на Асцендент Рыб — это любители повеселиться, потусоваться и хорошие друзья. Они обладают очень утонченным и элегантным характером и всегда в моде. В любви они соблазнительны и обольстительны. В профессиональном плане они преуспевают в любой деятельности или работе, которой занимаются.

### Рыбы Асцендент Скорпион

Привлекательный Асцендент Рыб — это личность, обладающая невероятным магнетизмом и соблазнительной страстью. Это *сексуальные Рыбы. В профессиональной сфере они холодны, расчетливы, наблюдательны и стратегичны.*

### Рыбы Асцендент Стрелец

*Стрелец на Асцендент Рыб - авантюрист и путешественник. Благодаря своей креативности и воображению они особенно хороши в художественных произведениях. В любви они любят похоть, поэтому всегда имеют спорадические связи и не любят оформлять отношения официально.*

### Рыбы Асцендент Козерог

*Козерог на Асцендент Рыб — это человек здравомыслящий, рассудительный и романтичный. Они могут быть властными, но в бизнесе являются прекрасными руководителями. Они предприимчивы и уверены в себе. Они строги, традиционны и умеренны,*

### Рыбы Асцендент Водолей

*Водолеи на Асцендент-Рыбы - современные, независимые и эффективные люди. Они любят учиться и очень интеллектуальны. Они всегда открыты для современных технологий, поскольку* являются новаторами. В любви они избирательны и верны.

### Рыбы Асцендент Рыбы

Асцендент Рыб Рыбы - романтичные и творческие натуры. Это человек, который создает свой мир, в котором он счастлив, в соответствии со своими правилами и убеждениями. Они не агрессивны и не склонны к соперничеству. Они любят помогать другим и умеют давать советы. Они очень терпимы и сострадательны. Некоторые из них неуверенны в себе, но любят повеселиться. Они склонны к спорадическим отношениям, которые сводятся к нулю из-за их неуверенности в себе и низкой самооценки.

### *Сатурн в Рыбах - одно из важнейших астрологических событий.*

*7 марта 2023 года стало одним из самых важных дней в астрологическом календаре этого года. Сатурн, суровый учитель и повелитель кармы, вступил в противоборство с Рыбами, мечтателями. Нынешний транзит Сатурна по знаку Рыб, который продлится до февраля 2026 года, оказался не самым приятным.*

*Сатурн - планета ответственности и строгой власти, дисциплинирующая и структурирующая нас во время своих транзитов по знакам Зодиака. Сатурн хочет убедиться в том, что мы достигаем своих целей, и когда эта планета проходит через Рыб, самый духовный знак, нам предстоит сделать несколько важных предложений. Плутон и Сатурн, двигаясь в унисон, вызовут гигантский энергетический вулкан и гарантированно станут незабываемым периодом.*

*Это может показаться формулой борьбы, но такое энергетическое сочетание может быть эффективным и прибыльным.*

*Сатурн в Рыбах не удовлетворен. Ему трудно создавать структуры и строить реальность, когда все смещается. Рыбы - двойственный знак,* поэтому он может выражать себя противоположными способами; он может быть как трансцендентным, так и практичным. Есть вероятность, что Сатурн в Рыбах указывает на строительство форм над или под водой, или на господство над водой, например, трубопроводов, акведуков, портов. Но он также может указывать на разрушение этих сооружений из-за ураганов или хрупкости конструкции.

*Архетип Рыб противоречит Сатурну. Он олицетворяет утопию, творчество, духовность и эзотерику, а также мечты, иллюзии, ложь и эскапизм. Он символизирует стремление течь подобно морю, разрушая границы и ограничения.*

*Последний транзит Сатурна в Рыбах проходил с мая 1993 года по апрель 1996 года. На этом этапе проявились результаты распада Советского Союза в 1989 году, который вызвал последствия по всему миру и разрушил российскую экономику. В 1994 году Россия начала первую чеченскую войну, которая продолжалась до 1996 года. В мае 1993 года в Гааге был создан Международный уголовный трибунал по бывшей Югославии для судебного преследования военных преступлений, совершенных во время югославской войны в начале 1990-х годов.*

*С другой стороны, боснийская война между хорватами, боснийцами и сербами* сопровождалась жестокостями и этническими чистками, различными казнями. Война закончилась в 1995 году, и большинство командиров боснийских сербов были осуждены за геноцид и преступления против человечности. В 1994 году начался геноцид в Руанде, когда банды хату убили более 700 тыс. тутси, а в ходе резни, окончательно завершившейся в июле, было изнасиловано несметное количество женщин. Кризис разоружения Ирака после окончания первой войны в Персидском заливе был в самом разгаре, было много шума и не было доверия между участниками.

В Швейцарии секта "Орден Солнечного храма" совершила целую серию преступлений и массовых самоубийств, а в США Тимоти Маквей убил 168 человек во время взрыва в Оклахома-Сити. Именно во время транзита Сатурна по Рыбам Од. Симпсон был арестован за убийство своей бывшей жены и бойфренда и освобожден после длительного судебного процесса, ставшего зрелищем в голливудском стиле.

 В Лондоне Фред Уэст и его жена Роуз были заключены в тюрьму после того, как на их заднем дворе были обнаружены тела многочисленных жертв убийств.

В ЮАР прошли первые многорасовые выборы, президентом страны был избран Нельсон

*Мандела, который впоследствии отменил смертную казнь в этой стране. Россия и Китай подписали соглашение о прекращении провоцирования друг друга своими ядерными устройствами, а Договор о нераспространении ядерного оружия был бесконечно усилен 170 странами. В Австралии была достигнута договоренность о выплате компенсации коренному населению, выселенному во время ядерных испытаний в 1950-1960-е годы.*

*Среди других событий во время транзита Сатурна в Рыбах - религиозные течения, идеологические движения, такие как социализм и левизна, передача болезней и инфекций, деструктивное поведение, вызванное паникой, рост употребления наркотиков и развитие всех видов искусства, а также средств морского транспорта.*

*Сатурн в Рыбах будет следить за тем, чтобы мы не могли использовать духовность или страх, чтобы избежать определенных конфликтов, с которыми нам придется столкнуться. Мы можем медитировать, уехать на сто лет в Тибет, использовать самые мощные мантры во Вселенной, но в какой-то момент мы должны действовать.*

*В последние несколько лет, когда Сатурн проходил транзит по Водолею, возникла* необходимость сосредоточиться на индивидуальности и быть более искренними, а не терпеть принуждение со стороны окружающих.

*Хотя Водолей - знак, известный тем, что танцует под свою дудку, Сатурн, связанный с ограничениями, подтолкнул нас к тому, чтобы остаться наедине с собой (вспомните ограничения во время пандемии) и посмотреть, куда мы можем поместить себя, чтобы создать здоровые границы.*

*Все эти уроки подготовили нас к тому, что нас ожидает с Сатурном в Рыбах. Мы начнем более осмысленно подходить к вопросу о том, как привнести духовность в нашу повседневную жизнь, сохраняя при этом понимание того, как следует себя структурировать. Многие люди откажутся от религий и догм или поставят их под сомнение.*

*Конечно, есть много тех, кому этот период не понравится, среди них - религиоведы и те, кто пропагандирует теории заговора. Мы увидим конфликты между людьми, исповедующими разные религии, и множество тенденций, направленных на то, чтобы доминировать над тем, во что верят другие.*

*Мы должны принять тот факт, что, если другие не согласны с нашими убеждениями, это не* значит, что они не правы. Это просто указывает на то, что их взгляды отличаются, ведь в итоге Рыбы выступают за всеохватность. То, чего нам не хватает.

Поскольку Рыбы и Нептун управляют бизнесом развлечений, крупные студии и звукозаписывающие компании закроются, и многие артисты, имевшие отношение к этим студиям, решат создать свои собственные. Если Вы являетесь художником, то в Ваших интересах использовать свой труд с пользой для себя, а не позволять крупным компаниям, находящимся на вершине, наслаждаться дивидендами.

Снизится интерес к спецэффектам и усилится ориентация на самодостаточные фильмы и темы, отражающие повседневность. Мы будем ценить окружающую нас красоту и меньше ориентироваться на гламур.

Карма часто воспринимается как нечто злое, но если вы вели себя хорошо, то не так уж и плохо пожинать то, что посеяли. Работа с кармическим и подсознательным багажом, понимание прошлого и готовность его отпустить — все это очень важно для того, чтобы пройти этот транзит и успешно выйти из него. Если вы уклонитесь от этого, Сатурн накажет вас, но если вы примете его, то придете в место, которое предопределено для чего-то великого.

*Положение Сатурна в нашей натальной карте указывает на то, где мы вынуждены обрести контроль над реальностью и взять на себя большую ответственность.*

*Рыбы - последний знак Зодиака, поэтому движение Сатурна здесь также указывает на завершение или точку окончания гораздо более крупного цикла.*

*Рыбы - водный знак, олицетворяющий свет, тьму и невидимые миры. Он известен своими абстрактными идеями и творчеством.*

*Рыбы - мотобольный знак, что означает, что он адаптируется и открыт для энергий окружающего мира. Сатурн - очень твердая энергия. Он управляет законом, ответственностью и ограничениями, и его энергия иногда может ощущаться как сигнал к пробуждению, возвращающий нас к реальности, и заставляющий столкнуться с последствиями своих действий.*

*Присутствие Сатурна в Рыбах может показаться несколько тяжелым из-за всего этого, так как обычно водная, интуитивная и чувствительная энергия Рыб будет вынуждена стать более сдержанной.*

*Чтобы лучше понять это, можно рассуждать так: если Рыбы — это плавно текущая вода, то* присутствие Сатурна будет создавать плотины, и эти плотины могут направлять воду в продуктивное и полезное русло, но могут и подавлять или контролировать ее.

Однако существует возможность создать баланс между этими двумя энергиями, поскольку творческие, неосязаемые и внешние идеи, свойственные энергии Рыб, могут укорениться благодаря Сатурну.

Сатурн обладает практической энергией, поэтому, если соединить его с творческим потенциалом Рыб, можно достичь баланса, который поможет нам воплотить наши творческие идеи в жизнь или даже превратить их в бизнес.

Рыбы также связаны с религией и духовностью, поэтому под влиянием Сатурна может возникнуть множество вопросов о религии и духовности и о том, как они связаны с правилами, управляющими обществом; духовная индустрия также может получить импульс к развитию под влиянием этой энергии, или на личном уровне изменится Ваше собственное отношение и убеждения относительно Ваших духовных или религиозных связей.

*Сатурн очень хочет, чтобы мы взяли на себя ответственность за свою жизнь и действовали в соответствии со своим подлинным "я".*

*Сатурн может накладывать ограничения, которые заставляют нас чувствовать себя в ловушке или задыхаться, но это только для того, чтобы мы могли найти время для того, чтобы понять, чего мы действительно хотим и ради чего мы готовы терпеть.*

*Другой способ получить дополнительную информацию об этом мощном планетарном транзите - вспомнить темы, которые развивались в вашей жизни в последний раз, когда Сатурн находился в Рыбах, то есть с 1994 по 1996 год, чтобы получить дополнительную информацию о том, что может принести вам этот цикл.*

### *Как это отразится на знаке Рыбы?*

*Каждые 28 лет Сатурн входит в ваш знак зодиака. Сатурну требуется так много времени для вхождения в знак, что, придя туда, он убеждается, что работа сделана. Можно представить себе, что Сатурн входит в ваш знак как Гарри Поттер, который приходит со своей волшебной палочкой, помогает навести порядок в комнате, организовать вещи и заставить их работать. Сатурн может быть тяжелой энергией и приносить трудности, но это нужно для того, чтобы вы могли полностью раскрыть свой потенциал.*

*Сатурн является хранителем контракта вашей души, соглашения, которое мы заключили перед тем, как войти в это земное тело, и он хочет убедиться, что вы живете в соответствии с этим контрактом души. Он хочет убедиться в том, что вы следуете правилам этого договора и полностью раскрываете свой потенциал. Когда Сатурн входит в ваш знак, его энергия затрагивает каждый уголок вашей жизни. Он хочет, чтобы Вы взяли на себя ответственность за свое физическое тело, ментальное тело, эмоциональное тело и духовное тело.*

*Все начинается с вас, и именно на этом вы будете сосредоточены, когда Сатурн пройдет по вашему знаку: Вы. Что вам нужно? Что нужно вашему телу? Что нужно вашему сердцу? Все дело в соединении с потребностями и желаниями вашего тела, ума и души. Вы находитесь в центре всего этого, и Сатурн в Рыбах поможет вам установить связь с тем, кто вы есть на самом деле. Сатурн поможет вам снять маски, которые больше не служат вам, и открыть то, что глубоко важно, поможет вам почувствовать себя более выровненным и обоснованным на своем пути, а также очистит то, что больше для вас не существует.*

*Сатурн в Рыбах — это всегда хорошая идея вернуться к ответственности. Сатурн хочет, чтобы Вы взяли на себя ответственность за себя, никто другой этого не сделает, Вы должны сделать это сами, Вы должны сделать шаг вперед и начать говорить о своих потребностях и отстаивать свои интересы. Никто не позаботится о Вас так, как Вы сами, и Сатурн здесь для того, чтобы напомнить Вам об этом. С Сатурном в Вашем знаке Вы можете ощущать тяжесть на душе, чувствовать себя немного подавленным миром или событиями, происходящими в Вашей жизни. Сатурн может взвалить на Ваши плечи некоторый груз, но это лишь для того, чтобы Вы могли понять, что именно Вы хотите нести.*

*Тяжесть, которую вы ощущаете, — это все то, что вы внушили себе или своей жизни, но Сатурн будет нести ее до тех пор, пока вы не поймете, за что вам больше не нужно держаться. Сатурн хочет очистить вашу тарелку, он хочет освободить вас от этой тяжести, но для этого ему нужно, чтобы вы сами начали действовать. Он покажет вам и раскроет все, что вас тяготит и отягощает, а дальше все зависит от вас, что вы хотите с этим сделать.*

*Когда Сатурн начинает движение в нашем знаке, мы чувствуем, как нарастает тяжесть, но можем плыть по течению до тех пор, пока не сможем, и тогда все рушится, и мы понимаем, что больше нам не подходит. Сатурн может так подкрадываться к нам, но не стоит беспокоиться.*

*Сатурн здесь не для того, чтобы обмануть вас, он скорее похож на учителя, на того надоедливого учителя, который хочет, чтобы вы сами разобрались во всем, чтобы урок усвоился. Вместо того чтобы делать все за вас, он направляет вас к тому, что вы почти все делаете неправильно, чтобы вы могли исправиться и найти свой собственный путь.*

*Сатурн проведет в вашем знаке два с половиной года и будет двигаться медленно, следя за тем, чтобы вы не переставали учиться. Важно помнить, что при работе с энергией Сатурна лучше всего двигаться медленно и делать методичные, практичные шаги вперед. Вам будет полезно составить график и регулярно проверять себя, чтобы убедиться, что Вы занимаетесь тем, что приносит Вам удовлетворение и радость. Не лишним будет также внимательно изучить свои границы и убедиться в том, что Вы не позволяете другим людям или ситуациям переступать Ваши личные границы.*

*Сатурн - хозяин границ, поэтому здесь у Вас есть поддержка, чтобы убедиться, что Вами не воспользуются и что Вы соглашаетесь только на то, что кажется Вам правильным и удобным. Наряду с этими инструментами вам также полезно проводить время на природе и учиться связывать свою энергию. Сатурн - очень заземляющее присутствие, поэтому умение ориентироваться в пространстве поможет вам ориентироваться в этой энергии.*

*Водные знаки могут чувствовать себя несколько подавленными земным присутствием Сатурна, поэтому полезными будут занятия, направленные на возвращение потока энергии в тело. Это может быть проведение времени у воды, плавание, танцы или любые упражнения, позволяющие сбалансировать энергетические центры. Другой невероятный дар, который дает*

*Сатурн в вашем знаке, — это творческий потенциал. Вы, несомненно, обладаете высоким творческим потенциалом и в той или иной мере используете свои творческие способности в профессиональной сфере.*

*На самом деле, творческий потенциал будет проявляться во всех сферах вашей жизни, и Сатурн поможет вам в этом. Сатурн возьмет все ваши идеи и поможет вам направить их во что-то продуктивное и долговременное. Если вы хотите работать в творческой сфере, если вы хотите использовать свои творческие идеи и превратить их в бизнес, то у вас есть для этого наилучшая энергия.*

*Это фантастическое время для того, чтобы воплотить свои идеи в нечто осязаемое и долговременное. Сатурн поможет Вам обрести сильное деловое мышление, чтобы дать своим творческим идеям наилучший шанс на процветание в мире. То же самое относится и к тем, кто хочет заняться чем-то в духовной сфере; более того, духовность и духовные связи могут проявиться для Вас под этим транзитом. Вероятно, Вы сможете глубже и полнее понять, кто Вы есть на духовном уровне, и даже обнаружите, что Ваши интуитивные и экстрасенсорные способности усилились под влиянием этого транзита.*

*Если вы обычно слишком чувствительны, Сатурн поможет вам на некоторое время умерить эту чувствительность, чтобы вы могли вернуться к своему центру и почувствовать себя более согласованным со своей сущностью. Затем, когда вы будете готовы, вы начнете получать и открывать больше своих интуитивных даров. Сатурн - суровая энергия, без нее не обойтись. Она может быть похожа на проверку реальности, заставляя нас проснуться и проявить смекалку. Но если вы проделаете эту работу, то будете вознаграждены. Когда Сатурн заходит в дом, его ожидает множество даров, поэтому примите путешествие, вникните в уроки, и вы откроете в себе новое мастерство.*

### *Дружба с астрологической точки зрения*

*Дружба - одна из самых прекрасных человеческих связей, друг — это приют в наших горестях, с которым мы разделяем минуты радости.*

*Одни дружеские отношения зарождаются мгновенно, а другим требуются годы, чтобы укрепиться. Они строятся на взаимности и преданности.*

*Найти верного друга в наше время довольно сложно, ведь мы живем в обществе, где каждый стремится извлечь для себя какую-то выгоду, поэтому, найдя такого человека, мы цепляемся за него.*

*Важно помнить, что каждый человек, который встречается на нашем пути, будь то хороший или плохой, преподносит нам важный урок, который мы должны усвоить.*

*Когда речь заходит о дружбе, астрологии, как всегда, есть что сказать. Мы не все придаем дружбе одинаковое значение в нашей жизни, и мы не одинаково привязываемся к нашим друзьям.*

***Овен -*** *очень дающий и спонтанный знак. Это тот самый друг, с которым не страшно ни в хорошие, ни в плохие времена. С ними вы переживаете приключения и сумасшедшие дни.*

*Иногда Овны позволяют своему темпераменту омрачать их истинные качества, но в итоге это люди, которым можно доверять. Весы и Водолей - лучшие союзники Овна.*

***Тельцы -*** *самые упрямые друзья, но самые надежные. Дружба Тельцов преодолевает любые неудачи и преодолевает барьеры времени. Это преданные, верные, постоянные друзья и хорошие советчики. Иногда бывают собственниками и ревнивцами. Лучшие союзники Тельцов - Козерог и Рак.*

***Близнецы*** *очень веселы и всегда имеют много друзей. Он немного непоследователен и болтлив, поэтому ненадежен. С ними нужно плыть по течению и приспосабливаться к их разностороннему поведению. Дружба Близнецов должна быть интеллектуальной, поэтому лучшими союзниками для них являются Весы и Лев.*

***У Рака*** *круг друзей чрезвычайно мал, потому что они боятся открыться другим. Это очень сентиментальные, щедрые и заботливые друзья. Они всегда готовы предложить вам свое плечо, чтобы успокоить ваши страдания. Если вы их друг, то вы часть их семьи. Лучшими союзниками Рака являются Дева и Рыбы.*

**Лев -** харизматичный, веселый и теплый человек. Он очень предан и жертвует собой ради своих друзей. Благодаря своей магнетической ауре они притягивают к себе множество друзей. Им доставляет огромное удовольствие делать одолжения, отдавать, не ожидая ничего взамен. Однако дух соперничества и эгоцентризм - их ахиллесова пята, им нужны скромные и терпеливые друзья. Их лучшие союзники - Козероги и Стрельцы.

**Дева**, совершенство распространяется и на эту область. Они требовательны и избирательны. Они не обращают внимания на свои личные проблемы, чтобы протянуть руку помощи своим друзьям. Они приветливы и сдержанны. Иногда они любят замкнуться в своем собственном мире и никого туда не пускать. Лучшие союзники Девы - Рак и Скорпион.

**Весы** гармоничны, безмятежны и спокойны. Они умеют веселиться с друзьями, любят жить в окружении друзей и благодаря дипломатическим способностям умеют решать проблемы своих друзей. Когда они завязывают дружбу, она искренняя. Лучшие союзники Весов - Стрелец и Водолей.

**Скорпион**, их отношение к жизни благородно и прямолинейно. Ревнивый и собственнический по отношению к своим друзьям, Скорпион среди ваших друзей — это синоним абсолютной поддержки. Скорпион - один из самых верных друзей, которых можно встретить в жизни, особенно хороший советчик. Лучшие союзники Скорпиона - Дева и Козерог.

**Стрелец**, иметь друга этого знака - все равно что обладать удачей. Их дружба - одна из самых искренних, чистых и благородных среди всех знаков Зодиака. Стрелец идет ради своих друзей на все. Они обладают способностью к многочисленным дружеским связям, умеют решать проблемы, оберегают. Лучшие союзники - Весы и Близнецы.

**Козерогам** нелегко найти друзей, поскольку они очень осмотрительны и осторожны. Они стремятся к дружбе, которая длится долго, поскольку знают, насколько значимы эти связи в жизни. Когда им удается установить связь, они верны. Им нравится, когда к ним прислушиваются и не игнорируют их советы. Его лучшие союзники - Тельцы и Девы.

**Водолей** - идеальный друг, уважающий личную жизнь своих друзей и сдержанный. Они очень щедры с теми, кого действительно ценят. Но они не терпят, когда кто-то пытается помешать их свободе, потому что они очень независимы. Друг Водолея — это настоящее сокровище, о котором нужно заботиться, потому что он всегда будет отдавать все лучшее, не требуя ничего взамен. Их лучшие союзники - Весы и Овны.

**Рыбы**, мир, который излучает этот знак, как магнит притягивает друзей. Это милые и верные люди, поэтому они порождают ни с чем не сравнимую эмпатию. Они искренни и выражают себя с душой, но требуют от других взаимности. Им необходимо побыть в одиночестве и поразмышлять, поэтому вполне вероятно, что они не так много времени проводят со своими друзьями. Их лучшие союзники - Тельцы и Скорпионы.

## *Помощь Вселенной в выборе карьеры*

*Мы — это то, что мы делаем, работа отнимает у нас больше времени, чем любая другая деятельность, и каждое действие в нашей жизни связано с работой.*

*Наш социальный статус в большей степени определяется нашей работой и положением в ней, чем чем-либо еще. Чем вы зарабатываете на жизнь, какова ваша профессия — это вопросы, которые следуют после: Как Вас зовут? Ответ на этот вопрос носит почти энциклопедический характер, поскольку характеризует ваше образование, доход, уровень общения, политические и даже духовные пристрастия, воображение, образ мышления и т. д.*

*Именно этот вопрос, определяющий начало отношений, мы бы перевели следующим образом: Какими ресурсами вы обладаете, чтобы принести мне пользу?*

*В современной культуре существует и предлагается практически бесконечное, но в то же время запутанное разнообразие профессий. Чтобы помочь выбрать из этого многообразия, существует профессиональная астрология - важнейшая специализация и услуга в нашей области, где наиболее распространенными* сферами, волнующими клиентов, являются любовь и работа.

*Профессиональная карта — это планетарная карта, используемая исключительно для ответа на вопросы, связанные с профессиональной деятельностью. Кто-то может задаться вопросом, чем она отличается от тестирования способностей и про консультирования, но поверьте, что очень сильно.*

*Профессиональный тест может определить, что вы будете идеальным инженером-строителем, но он не может предсказать ни ваш успех в этой области, ни ваш финансовый потенциал, ни эмоциональное благополучие в этой профессии. Что делать, если такая профессия, как инженер-строитель, опасна для вас, поскольку у вас есть предрасположенность к гибели от падения — это может произойти при осмотре крыши, моста или любого другого сооружения.*

*Тест на определение способностей не может этого предсказать, а вот профессиональная карта рождения - может.*

*Не менее верно и то, что у некоторых нет проблем с выбором профессии, и при анализе их гороскопа это очевидно; но, как это бывает во всех случаях, у них могут возникнуть проблемы, связанные с этой работой, поскольку невозможно* быть "мастером" во всех навыках, необходимых для того, чем они занимаются.

Психологическое состояние человека влияет на все, что связано с его профессией или призванием, например, человек, склонный к спорам и угрозам, может использовать эти качества в "профсоюзной" работе, отстаивая интересы и права работников.

А теперь представьте себе этого же человека в роли учителя детей-подростков.

Многие люди несчастливы на своей работе, потому что не реализуют свои мечты, потенциал и таланты. Никто не подсказал им, как проявить свои способности, не объяснил, что есть разница между профессией, призванием и работой.

Возраст клиента, его жизненный опыт являются ключевыми факторами, потому что, когда мы становимся взрослыми, на нас могут влиять такие сферы, как брак и дети. Именно поэтому иногда можно встретить людей, уделяющих больше внимания хобби, чем работе, - во многих случаях наши таланты скрыты в этих развлечениях.

Нередко встречаются успешные люди, которые несчастны в своей блестящей карьере, потому что их темперамент несовместим с этой профессией.

*Есть также люди, которые любят свою работу, но не добиваются успеха, здесь темпераментные факторы, такие как Луна, Солнце и Асцендент, совместимы с их работой, но планета, управляющая этой профессией, слаба по расположению или аспектам, что не позволяет им добиться желаемого успеха.*

*При определении призвания необходимо учитывать множество моментов, на самом деле их может быть несколько, но в целом можно сказать, что кардинальные знаки (Овен, Рак, Весы и Козерог) обладают организаторскими способностями, они инициаторы, поэтому стремятся иметь собственное дело, так как плохо подчиняются.*

*Исключением здесь будет рак.*

*Фиксированные знаки (Телец, Лев, Скорпион и Водолей) умеют управлять ресурсами или людьми, они доводят до конца то, что начинают другие, однако им не следует работать на должностях, где требуется гибкость.*

*Исключением здесь может быть только Водолей, который немного непредсказуем и эксцентричен, его индивидуальность необходимо учитывать.*

*Мотобольные знаки (Близнецы, Дева, Стрелец и Рыбы) способны справляться с невероятным эмоциональным напряжением без ущерба для себя.*

*Благодаря своей подвижности и гибкости они способны решать невероятное количество задач.*

*Исключение здесь составляет Дева, она должна анализироваться индивидуально.*

*Профессиональное письмо всегда свидетельствует о наших талантах, умении зарабатывать деньги, а главное - о стремлении к успеху.*

### *Пока деньги не разлучат нас!*

*Уравновесить любовь и деньги слишком сложно, доказано, что после периода, когда все радужно, появляются экономические неувязки.*

*Общение имеет первостепенное значение в любых отношениях, но тема денег очень деликатна, и по этой причине многие избегают ее.*

*Технологии усугубили финансовые проблемы; конфликты между супружескими парами на почве денег участились, поскольку деньги стали неосязаемыми.*

*Виртуальные транзакции и другие процедуры, пришедшие на смену наличным деньгам, вызывают большие сложности, так как контролировать и отслеживать финансовые операции становится сложнее.*

*Семейные финансы - одна из основных составляющих отношений, и если они нездоровы, то в итоге наносят ущерб союзу.*

*Деньги вызывают столько конфликтов, что после неверности они являются второй основной причиной развода или расставания.*

*У всех нас разное воспитание и обычаи, и, вступая в брак, мы объединяем их с обычаями другого человека. Неравенство нашего образования не* означает, что обычаи одного человека плохие, а другого хорошие, они просто разные, мы должны их понять, оценить и решить, какие из них подходят для отношений.

Стереотипы, социальное давление и стремление к культуре равенства заставили супружеские пары изменить свое отношение к экономическому бюджету.

Сегодня очень трудно найти пару, в которой один из партнеров не выдавал бы новую покупку за старую, не говорил, что купил что-то со скидкой, когда это не соответствует действительности, не снимал деньги с накопительных счетов, не сообщая об этом, не имел тайных счетов или скрытых денег, не врал о долгах, не тратил деньги на детей, не сообщая об этом партнеру, и т. д.

Очень распространенной и непонятной для меня практикой является разделение финансов. Если мы вступаем в брак, то это происходит потому, что мы хотим иметь единство, разделяя его, мы создаем симбиоз между двумя людьми, который гораздо эффективнее, чем чистая сумма частей; если мы разделяем финансы или возлагаем экономическую ответственность на одного из членов пары, то мы создаем разделение.

В бесчисленных браках возникают сложности, когда деньги становятся дороже отношений.

*Когда вы держите свои деньги отдельно, вы тем самым сообщаете своей лучшей половине, что не доверяете ей, а там, где нет ясности и уверенности, нет и будущего.*

*С астрологической точки зрения, к самым неверным в финансовом отношении знакам зодиака относятся Овны; Овны имеют серьезные проблемы с управлением своими финансами, а поскольку они считают, что деньги созданы для того, чтобы их тратить, то скрывают от своих партнеров многие экономические операции.*

*Весы любят жить не по средствам, когда они видят что-то, что им нравится, они не задумываются, покупают это, даже если у них нет ни гроша, и прячут в багажнике машины, если их узнают, они говорят, что у них это было до свадьбы!*

*Рак известен своей неспособностью избегать соблазнов, а пары с компонентом Девы, при всех их аналитических способностях, являются одними из тех, у кого больше всего банковских овердрафтов.*

*Наиболее прагматичными, дисциплинированными и честными в финансовых вопросах в этой паре являются Козерог и Рыбы.*

*Когда мы живем вместе с другим человеком, мы должны найти наилучший способ распоряжаться* деньгами, вовремя сообщать о договоренностях и разногласиях, поскольку обиды и замечания ничего не решают.

Авторитет и подчинение порождают асимметричные отношения, основанные на неравенстве, в частности, когда власть осуществляется с помощью денег.

## *Библиография*

*Часть информации взята из книг, изданных авторами: Любовь для всех сердец, Деньги для всех карманов и Гороскоп на 2022 и 2024 годы.*

*Статьи, написанные в газете "Nuevo Herald" одним из авторов.*

## *Об авторах*

Помимо астрологических знаний, Алина А. Руби имеет богатое профессиональное образование: она имеет сертификаты по психологии, гипнозу, Рейки, биоэнергетическому целительству кристаллами, ангельскому целительству, толкованию снов, а также является духовным инструктором. Руби обладает знаниями в области геммологи, которые она использует для программирования камней или минералов и превращения их в мощные амулеты или талисманы защиты.

Руби обладает практическим и целеустремленным характером, что позволило ей иметь особое, интегративное видение нескольких миров, способствующее решению конкретных проблем. Алина пишет ежемесячные гороскопы для сайта Американской ассоциации астрологов; их можно прочитать на сайте www.astrologers.com. В настоящее время она ведет еженедельную колонку в газете *El Nuevo Herald* на духовные темы, которая выходит каждое воскресенье в цифровом виде и по понедельникам в печатном. Также ведет программу и еженедельный Гороскоп на YouTube-канале этой газеты. Ее астрологический ежегодник ежегодно публикуется в газете "Diario las Américas" под рубрикой Rubi Astrologa.

Руби является автором нескольких статей по астрологии для ежемесячного издания "Today's Astrologer", ведет занятия по астрологии, Таро, чтению по ладони, исцелению кристаллами и эзотерике. На своем канале в YouTube она еженедельно публикует видеоролики на эзотерические темы: Rubi Astrologa. Она вела собственное астрологическое шоу, которое ежедневно транслировалось на телеканале Flamingo T.V., давала интервью нескольким теле- и радиопрограммам, ежегодно выпускает "Астрологический ежегодник" с гороскопом по знакам и другими интересными мистическими темами.

Она является автором книг "Рис и бобы для души", часть I, II и III, сборника эзотерических статей, изданных на английском, испанском, французском, итальянском и португальском языках. Книги "Деньги для всех карманов", "Любовь для всех сердец", "Здоровье для всех тел", Астрологический ежегодник 2021, Гороскоп 2022, Ритуалы и заклинания для успеха в 2022 году, Заклинания и секреты, Астрологические классы,

*Ритуалы и чары 2024 и Китайский гороскоп 2024 изданы на пяти языках: английском, итальянском, французском, японском и немецком.*

*Руби прекрасно владеет английским и испанским языками, сочетая в своих выступлениях все свои таланты и знания. В настоящее время она проживает в Майами, штат Флорида.*

*Более подробную информацию можно получить на **сайте** www.esoterismomagia.com.*

*Алина А. Руби - дочь Алины Руби. В настоящее время она изучает психологию в Международном университете Флориды.*

*С детства интересовалась всеми метафизическими и эзотерическими темами, с четырех лет занималась астрологией и каббалой. Обладает знаниями в области Таро, Рейки и геммологи. Она является не только автором, но и редактором, вместе со своей сестрой Анжелиной А. Руби, всех книг, изданных ею и ее матерью.*

*За дополнительной информацией обращайтесь к ней по электронной почте:*
***rubiediciones29@gmail.com.***